60 DAYS
NOTEBOOK
FOR GOAL ACHIEVEMENT

TAKASHI HARADA

HARADA EDUCATION INSTITUTE

はじめての
目標達成ノート

原田隆史
原田教育研究所

「原田メソッド」に
ようこそ!

はじめまして、原田隆史です。

この本を手に取ってくださったということは、きっとあなたには挑戦したい夢や目標があるのでしょう。あるいは、「自分を変えたい」「もっと成長したい」と考えているのかもしれません。

ただ、その一方で
「夢や理想はあるけど、うまく目標に落とし込めない」
「せっかく目標を掲げても、今ひとつやる気がおきない」
「目標を達成するために、どう行動すればいいかわからない」
「目標達成のために頑張っているのに、いつも失敗する」
「正直なことを言うと、目標を達成できる気がしない」
といった悩みや不安も抱えているのではないでしょうか。

そんなあなたに、まず最初にお伝えしておきたいこと。

それは、「成功は技術だ」ということです。

夢を実現できないとか、目標を達成できないとしても、それはあなたの才能や経験に問題があるのではありません。簡単に言えば、「目標の立て方」と「目標を達成するための方法」が間違っているだけです。つまりあなたも目標達成の「技術」をしっかりと身につければ、才能や経験に関係なく、自らのパフォー

マンスを最大限に発揮して、自分自身を成功に導くことができるのです。

そしてそれを強力にサポートするのが、私が20年間の教師生活で考案した「原田メソッド」です。人が成長し、確実にプラスの効果を生み出す手法は、おかげさまで今では多くの企業やプロスポーツチームにも導入されています。

2017年に「原田メソッド」の実践ツールとして考案した『目標達成ノート/STAR PLANNER』は多くの方にご活用いただいて版を重ね、10万部を超えるベストセラーとなりました。

「このノートに書き込むだけで自分の行動が変わった」「目標達成できた!」などたくさんの喜びの声もいただいております。一方で、「取り組んでみたけれど、ノートを使いこなすのが難しかった」というお声もいただいていました。

そこで今回、「原田メソッド」の入門ツールとしてお届けするのが、今、あなたの手元にある『はじめての目標達成ノート』です。2007年に発行し大好評をいただいていた『夢を絶対に実現させる60日間ワークブック』が、今回装いも新たに生まれ変わりました。

あなたには、自分の「1ヶ月目標」を設定していただき、その目標を見事に達成するまでのプロセスを実感していただきます。この本ではそれを2回繰り返します。

つまり、あなたは2度の成功を手に入れながら、「原田メソッド」の極意を習得できるのです。

最初から順に取り組むことで、

1. 自分にとって価値のある目標を設定する
2. 4観点で目標を広げ、モチベーションを高める
3. オープンウィンドウ64で目標を達成するための
   行動目標（ルーティン行動、期日行動）を洗い出す
4. 目標達成のシナリオとなる「目標設定用紙」を完成させる
5. 確実に階段を上がるための「日誌」を毎日書く
6. ルーティンチェック表で、成功に近づく行動を習慣化する

といった「目標設定の技術」と「目標達成の技術」が同時に磨けるような
ワークブック形式になっているので、誰でも、一人で、無理なく取り組むこと
ができます。

目標達成のエネルギーは「自己効力感」

さて、先ほど私は「成功は技術だ」と言いました。ただし、その「技術」の
土台として欠かせないものがあります。それは、「自己効力感（self-efficacy）」、そ
して「自己肯定感（self-esteem）」です。その2つを合わせて、私は「自信」と
呼んでいます。

日本では、自分の価値を認める「自己肯定感」の重要性が叫ばれることが
多いですが、「自己肯定感」だけでは、自分を成長させたり、高いパフォーマ
ンスにつなげることは難しいというのが、私の結論です。

夢を描いたり、大きな目標を実現させるためには、もっと強い、上向きのエネルギーが必要なのです。それが「自分ならできる!」という、自分の能力に対する自信、つまり「自己効力感」です。

2023年のWBC（ワールドベースボールクラシック）で侍ジャパンの14年ぶりの世界一奪還を牽引し、今や世界的なスター選手となったロサンゼルス・ドジャースの大谷翔平選手。彼が花巻東高校の1年生のときに、「目標達成シート」（「原田メソッド」における「オープンウィンドウ64」）のど真ん中に、「ドラ1、8球団」（ドラフト会議で8球団から1位指名を受けること）と書き込んでいたことはとても有名な話です。

自らが掲げた大きな目標以上のことを成し遂げた大谷選手の「有言実行力」に多くの人が驚きと称賛の声をあげています。

もちろん彼が、目標達成のために何が必要かを自ら考え、それを実行し続けて大きな夢を叶えたこと、つまり結果を出したことはとても素晴らしいことです。

しかし、それ以上に素晴らしく、価値があると私が考えるのが、まだ甲子園に行ったこともない高校1年生の時点で「ドラ1、8球団」という目標を書くことができた、という事実です。

目標を書けと言われたとき、普通の高校球児なら、「甲子園で優勝する」とか「将来はプロ野球の選手になる」あたりを書くのではないでしょうか。

心の中ではもっと大きな夢を漠然とは抱いていたとしても、目標としてそれを「書ける」かどうかは別の問題なのです。

ところが大谷選手はこの壮大な目標を堂々と、文字にして書いています。それは一般的によく言われる「根拠のない自信」などではなく、高い「自己効力感＝自分ならやれるはず」が当時から大谷選手の中に根付いていたのだと私は思います。

大谷選手にとって夢は「叶うもの」であり、目標は「達成できるもの」なのです。これこそが、彼が大きな成功を手にしている秘訣です。

「自分ならこの夢を叶えられる」「自分ならこの目標を達成できる」という「自己効力感」が強いエネルギーとなって、大谷選手は、夢を夢以上の形で実現させたのです。

「自己効力感」は 誰にでも高められる

偉大な大谷選手を例に出してしまったので、

「自分にもそんな高い自己効力感があるとは思えないなあ」

などと不安になった人がいるかもしれませんが、どうか安心してください。なぜなら誰でも自己効力感を高められる方法がちゃんとあるからです。

ここで「原田メソッド」を考案するきっかけになった私の過去の経験をお話しさせてください。

大阪の中学校で保健体育の教師をしていた私は、35歳のとき、問題を抱えていた中学校に赴任しました。授業中に立ち歩くのは日常茶飯事、生徒同士の喧嘩もしょっちゅうありました。教師の話を落ち着いて聞くことができなかったり、指導に反抗したり、非行に走ってしまったりする生徒も残念ながらいました。

経済的に余裕のある家庭は、落ち着きのない地元の中学校よりも私立中学校に子どもを進学させることが多く、いわゆる「教育格差」というようなものを、子どもながらにひしひしと感じていたのかもしれません。子どもたちは言葉にできない劣等感でいっぱいだというような感覚を、当時の私は持ちました。

何かをやらせようとしても、「自分には無理だ」とやる前から諦め、「できるから頑張ってみよう」と声をかけても「どうせ無理やって」と答える。彼らが自分自身の可能性を信じることができていないのは明らかでした。

彼らに圧倒的に欠けていたもの。
それがまさに「自己効力感」だったのです。

　なんとかして彼らの「心のエネルギー」を高めてやりたい。そう思った私は、まず彼らに夢や目標を持たせようと思いました。ただし、それが途中で枯れてしまうような夢や目標だと意味がないどころか、むしろ逆効果になってしまいます。

　そこで世界中の成功哲学やコーチングの手法を学び、枯れない夢や目標を設定させるためのフォーマットを考案しました。それがのちに「原田メソッド」の核となる「原田式長期目的・目標設定用紙」です。それを自身が顧問を務めていた陸上部の部員たちに配り、夢や目標設定の指導を始めることにしました。

　そして、夢や目標に向かっていく自分を振り返ってもらうために、毎日日誌を書くことも課しました。

　最初は、書き忘れる、書いても数行、などの状態が続きました。子どもたちのやる気を高めるために、私は赤ペンで毎日、その日誌に返事を書きました。いわば子どもたち一人一人との交換日記です。私も必死でした。

　お互い根気よく続けていくうちに、少しずつですが、子どもたちの日誌の記入内容に変化が見られるようになってきました。

「朝の100mはあと少しで13秒台。次は13秒99を出す」
「4mを跳ぶ振り上げはできるようになった。あとは肩抜きができれば4mは跳べる」

　まさにこれは、「自分ならできる!」という気持ちが高まり始めていることの表れです。

　正直、私は驚きました。なぜかと言うと、自分の能力への信頼、つまり「自己効力感」は、その人にとって難しいと思われる課題を克服できたときに一気に高まるものだと思い込んでいたからです。でも、それは間違いでした。

「自己効力感」は毎日の小さな積み重ねで、少しずつ高まっていくものだったのです。

　そうして少しずつ「自己効力感」を高めていった子どもたちは、あるタイミングで、まるでシーソーが逆転するかのような大きな変容を遂げました。大会で結果を残すようなこととは無縁だった陸上部が、大躍進を始めたのです。

　個人種目では7年間で13回の日本一が誕生。

　大阪府の大会では12回連続男子総合優勝、5回連続の男女総合優勝―。

　そのような陸上部の劇的な変化は陸上部以外にも伝播して、学校は徐々に落ち着きを取り戻しました。これなら落ち着いて勉強できそうだ、よい教育をしてもらえそうだ、という評判が立ち、私立中学校へ行かずに進学をしてくる生徒も増えていったのです。

　この現象は教育の奇跡だと呼ばれて多くのメディアでも紹介されましたが、それは奇跡ではなく、生徒たちが自らの力で少しずつ高めた「自己効力感」のなせる技だったのです。

小さな「できた!」「やれた!」を
毎日積み重ね、「自画自賛」を繰り返すこと。
それこそが、目標達成のエネルギーとなる
「自己効力感」を誰でも高められる方法なのです。

繰り返すほどに成功の可能性が高まる「原田メソッド」

　では、自信のもう1つの要素「自己肯定感」は不要なのかと言えばもちろんそんなことはありません。

「自己肯定感」とは、「自分が大好き」と素直に思える心のこと。「自己効力感」が成功を後押しする強い上向きのエネルギーだとしたら、「自己肯定感」は辛いときにも自分の価値を見失わないための心の拠り所です。

「自己効力感」ばかりが高くて、「自己肯定感」が低い人は、エンジン全開で突っ走ることはできても、何らかの壁にぶつかったり失敗したりしたときに、今の自分に価値を見出すことができないので、心を休めたり癒したりすることがとても苦手です。やる気ばかりが空回りし、とても落ち込んだり、うつ状態になってしまうこともあります。

「自己肯定感」を高めるのは
「ありがとう」を受け取る行動です。

　自分の力で「自己肯定感」を高めるには、「ありがとう」の言葉を受け取る行動を意識して増やすことが大切です。また、自分以外の誰かへの感謝の気持ちを意識することも大切です。誰かへの感謝の気持ちが高まると、自分が大切にされていることへの気づきとなり、ひいてはそれが自分の価値を認識することにつながるからです。「ありがとう」を受け取る行動、そして誰かに対する感謝の気持ちの積み重ねによってあなたの「自己肯定感」は少しずつ高まっていくのです。

　上向きのエネルギーとなる「自己効力感」と、自分の心の拠り所である「自己肯定感」は補完関係にあり、2つで1つの「自信」となります。どちらが欠けてもうまくいきません。つまり、「目標達成の技術」＝「成功の技術」の土台にはこの両方が必要なのです。

　「原田メソッド」は実践する中でその両方が高められるような仕組みになっています。繰り返し行うほど土台も強固になっていくので、目標達成や成功の可能性がどんどん高まるのです。

　それこそが「原田メソッド」が約30年にわたって多くのフィールドで受け入れられ、成果をあげ続けている最大の理由だと私は自負しています。

言葉にして「書く」ことで、行動は変えられる

「原田メソッド」では「文字にして書く」ことを重視しています。

それはなぜか。

頭の中でぼんやり考えても具体的な行動にはつながらないからです。言葉にして紙に書き出してこそ、夢や目標は具体化し、それが行動を変える力となるのです。これは「世の中のすべての事象は認知によって生み出される」という社会構成主義の考え方に基づく発想です。

頭の中でどれだけ思考しても、それは輪郭のはっきりしない夢や目標でしかありません。頭の中で考えているだけでは、その夢や目標は、まだこの世の中には生まれていないと言ってもいいでしょう。

ところがそれを紙に文字で書くと、形のなかった夢や目標が「言葉」になります。つまり、ぼんやりしていた夢や目標が明確な形となって浮かび上がってくるのです。

次にその夢や目標の実現のために何ができるかを考える。しかし、その考えがただ頭の中にある、というだけでは行動にはつながりません。なぜならあまりにもぼんやりし過ぎているからです。それを「言葉」にして書き出してこそ、真の意味で生み出され、明確になります。だから行動につなげやすいのです。もしも実行できなかったら、実行できるようになるためには何をすればいいかを考える。またそれを言葉にして書き出してみる。だから行動しやすくなる。これの繰り返しです。

思考を行動につなげるためには、
明確な「言葉」にする必要があります。

「別に書かなくても頭の中で言葉にすればいいのではないか」と言う人が時々おられます。実は思考は「水物」なのです。今日考えることが昨日考えたことと同じとは限りませんし、明日はまた違うことを考えるかもしれません。また、よほど印象深いとか、大切だとか、何度も考えたとかしない限り、残念ながら人は忘れます。それに、一度に考えられる量も、集中力も、限られています。そうこうしているうちに夢や目標はブレていき、気がつけば形が変わり、なくなってしまう可能性だってあります。夢や目標がブレてしまえば、やるべき行動も当然ブレますから、確かな結果を手にすることは大変難しくなります。

　だからこそ、どれだけ面倒だと思っても、「書く」ことをやめてはいけません。

　言葉にして書き出してこそ、あなたの考えは形を与えられ、行動となり、夢や目標は実現へと近づきます。

「書く」ことは原田メソッドの基本。
思考はアウトプットしてこそ、実現するのです。

　ここまで、目標達成に取り組む「30日×2回」の土台となる考え方をお伝えしました。

　さあ、ではさっそく始めましょう!

CONTENTS

第1章 目標設定ワークで原田メソッドに入門する

TRAINING 1
ノウハウだけでは結果は出せない
「心・技・体・生活」を整えよう

WORK 1
自分の「心（メンタル）・技（スキル）・体（健康）・生活」のバランスを認識する

TRAINING 2
「奉仕活動」は成功のカギ
きれいで強い心をつくろう

WORK 2
あなたがこれから職場（学校）と家庭で毎日実践する奉仕活動を決める

TRAINING 3
がむしゃらに頑張るだけでは成果は出ない
期限つきのゴールを定めよう

WORK 3
あなたの夢を達成する「期日」を決める

第**2**章 **成功のシナリオをつくって
モチベーションを高める**

第 **3** 章 **自信を高めながら
目標達成を引き寄せる**

第 **4** 章 **チャレンジを続けて成長する**

本書の使い方

本書は、「原田メソッド」の大きな柱である、「目標設定の技術」と「目標達成の技術」の両方が無理なく身につくワークブックです。読んで理解した、だけではなく、実際に自分の手で「書く」ことを徹底してください。「自分で書いて自分で気づく」ことが、「原田メソッド」習得の早道です。

● 第1章

「目標設定ワーク」では、9のワークを通じて、自分にとって価値があり、絶対に叶えたいと思えて、かつ、適切な難易度の目標を設定するためのトレーニングと並行して、目標達成するために必要な「心」を育てるトレーニングをします。

● 第2章

第1章のワークを通じて設定した「1ヶ月目標」の「達成シナリオ」である**「1ヶ月目標設定用紙」**と**「ルーティンチェック表」**を作成します。枯れない目標を設定し、その達成までの具体的な「シナリオ」を書き込む「1ヶ月目標設定用紙」と、必要な行動の習慣化を後押しする「ルーティンチェック表」は、あなたの目標達成を強力にサポートする唯一無二の武器になります。

● 第3章

「日誌」です。毎日書くことで日々の成長を実感できるので、目標達成の土台となる自信（自己効力感と自己肯定感）を高めていくことができます。毎日必ず書いて、1ヶ月後の目標達成を目指しましょう。また、日誌の最後には**「1ヶ月の振り返り」**も行います。

● 第4章

次の「1ヶ月目標」を設定します。1ヶ月目の目標をレベルアップするのでも、新たな目標を設定するのでもOK。1ヶ月目の目標設定と同様に、「1ヶ月目標設定用紙」「ルーティンチェック表」を作成します。新たな目標を設定する際は、改めて「オープンウィンドウ64」を完成させましょう。そして、1ヶ月目と同様に「ルーティンチェック表」と「日誌」への書き込みを続け、2ヶ月目も目標が達成できるよう頑張りましょう。

最後に、**「2ヶ月の振り返り」**を行います。実際に書き込んで、読み返せば、たった2ヶ月であなたがどれだけ成長できたかがわかるはずです。そうして自信の高まりを実感できれば、それは次の目標に向かう大きなエネルギーとなります。

頑張りましょう！

第 **1** 章

目標設定ワークで
原田メソッドに入門する

TRAINING 1

ノウハウだけでは結果は出せない
「心・技・体・生活」を整えよう

　夢や目標を実現するための原理原則。

　それは、「心・技・体・生活」のどれもおろそかにしないということです。

　武道や相撲だけでなく、スポーツ全般において「心=精神」「技=技術」「体=体力」が重んじられていることはよく知られていますが、スポーツ界だけではなく、長く結果を出し続けている人、一流と呼ばれる人に共通するのは、この「心=メンタル」、「技=スキル」、「体=健康」3つに加え、「生活」も非常に大事にしていることです。

　スポーツ界ですと最近は大谷翔平選手のストイックな私生活がメディアでも話題になりましたが、スポーツ選手だけではなく、世界の著名な経営者やビジネスパーソンも、瞑想に取り組んだり、体を鍛えたり、健康的な食生活を心がけたりと、生活を整えるために様々な取り組みをしていることが知られています。「生活」には、仕事とはまた別の人間関係や、家族との接し方も含まれています。自分の身近な人と良好な関係を築くことができているか、というのも、大きなポイントになるのです。

生活は仕事や勉強の
パフォーマンスにも影響する

　ここでポイントとなるのは、心を高める=メンタルトレーニング、技=スキルト

レーニング、体＝フィジカルトレーニング、と同様に、「生活」にも高める方法、トレーニングのやり方がある、ということです。

以前、こんなケースがありました。

ある幹部社員が研修のプログラムで「心・技・体・生活」のバランスを見直してみると、「生活」への意識が極端に低いことに気づきました。よくよく振り返ってみると、睡眠時間も短く、家族と過ごす時間もほとんどありません。そこで、「仕事帰りの酒席の数を減らし、家に早く帰った日には妻と一緒に皿洗いをしたり、子どもの勉強をみることにしよう」と決心したのです。

さっそく実行してみると、まず睡眠時間が増えたことで、朝スッキリ起きられるようになりました。

それだけでも大きな変化だったのですが、そのうちに彼の妻がわざわざ早起きしてお弁当を作ってくれるようになり、しかも「頑張ってね」とにこやかに声をかけて会社に送り出してくれるようになったそうです。また、それまでゆっくり話すのは仕事が休みの日ぐらいだったお子さんとの会話も増え、「お父さんって、今どんな仕事してるの?」などと聞いてくるようになりました。

すると「不思議なくらい仕事がうまく回るようになった!」と言うのです。

しかし、「生活」を少し変えたことが仕事の成果につながったというケースは決して珍しいことでも、驚くべきことでもなく、実は当たり前のことなのです。

「心・技・体・生活」 すべての質を上げるのが大事

前述の男性は、生活の「質」を高めたから、それが仕事にも好影響を及ぼしたのです。

結果を早く出そうと焦るほど「技＝スキル・知識・ノウハウ」ばかりに意識が偏りがちですが、「技」だけで対処しようとすると、必ずどこかで限界がきます。

スポーツでも仕事でも勉強でも、すべて同じ。結果を出すには、「心（メンタル）・技（スキル）・体（健康）・生活」のすべての質を高めていくのが大事なのです。

自分の「心（メンタル）・技（スキル）・体（健康）・生活」のバランスを認識する

STEP 1

あなたが仕事や勉強で出す成果に「心」「技」「体」「生活」の4つの要素は、それぞれどれくらい影響を与えていると思いますか？　順位とパーセンテージを書き出してください。

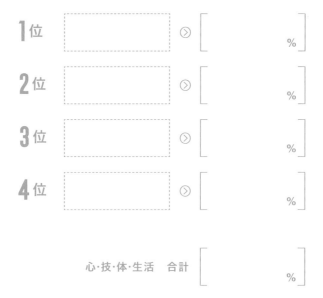

1位　⊘　　　　　　　%

2位　⊘　　　　　　　%

3位　⊘　　　　　　　%

4位　⊘　　　　　　　%

心・技・体・生活　合計　　　　　　%

▶ どの順位が正解ということはありません。ただ、1つの要素だけが突出して高かったり、逆にゼロだと感じるようだったら、もう一度、全体のバランスを見直し、考えてみてください。

「心」「技」「体」「生活」のそれぞれについて、トレーニングしていることや心がけていることを書き出してください。

● 「心」についてトレーニングしていること、心がけていること
　例 お風呂でお気に入りの音楽を聞きながら、20分以上かけてリラックス

- -

● 「技」についてトレーニングしていること、心がけていること
　例 朝のニュースと朝刊から、営業トークのネタを1つ拾う

- -

● 「体」についてトレーニングしていること、心がけていること
　例 5階のオフィスまで階段で上がる

- -

● 「生活」についてトレーニングしていること、心がけていること
　例 毎日、家の周りを清掃してから出勤する

- -

▶ **成果をあげ、目標を達成するためには、「心」「技」「体」「生活」のそれぞれを日々のトレーニングで高めている必要があります。手薄だと感じる項目があったら、これからできそうな新たなトレーニングを追加して書いておきましょう。**

目標
達成力
UP!

▶ **「心」「技」「体」「生活」の
バランスへの意識が高まりました!**

「奉仕活動」は成功のカギ

きれいで強い心をつくろう

夢や目標を実現させたいと言う人に、私が必ず勧めることがあります。

それは、「自分ができる奉仕活動を決めて、それを毎日実践すること」です。

その理由は2つあります。

まず1つ目は、「心をきれい」にするためです。

心がきれいな人ほど確実に結果を出せる

夢や目標の実現には、周りの人たちの協力が必要です。どんな夢も目標も自分一人では達成できません。

では、どういう人なら協力が得られるのか。

その答えがまさに「心がきれいな人」です。確実に結果を出す人は例外なく、簡単にいうと、生き方と態度がいい。真面目で素直で一生懸命。例えば営業成績がいい人というのは、単に営業スキルが高いということだけでなく、「○○さんだから買う」というお客さんをたくさん持っているものです。人柄や人格を、「人間力」と言います。人間力が備わっているからこそ、周りの人の協力も理解も得ることができ、成果をあげることができるのです。

地域や社会、あるいは誰かのために行う奉仕活動に一生懸命取り組めば、必ず「心がきれい」になります。また、奉仕活動をしていると「ありがとう」という言葉をかけてもらったり、自分が誰かの役に立っているという実感が持てた

りするので、成功の土台となる「自己肯定感」を高めるうえでも非常に効果的です。「情けは人のためならず」と言われますが、同じように奉仕活動も、「人のためならず」でもあるのです。

「心をきれいにする」奉仕活動には社会貢献活動やエコ活動などいろいろなものが考えられます。その基本としてぜひ加えていただきたいのが、清掃活動です。生活に取り入れやすいだけでなく、身の回りのすさみを取り除くと心の中のすさみが除かれて、心が澄んでいくのです。すさみは、すさみのある場所に集まってきます。これはゴミを不法投棄される公園などを見てもわかることです。だから意識して、自分の内部と、自分の周りからすさみをなくしていく。心が澄んでいれば、当然パフォーマンスも上がります。有名企業の経営者の多くがトイレ掃除を日課にしているのも、まさにこれが理由なのです。

できることの継続で心は必ず強くなる

奉仕活動を毎日実践することを勧めるもう1つの理由は、それが「心を強くする」からです。

「心を強くする」ことは夢や目標の達成には欠かせませんが、一気に強くなるわけではありません。今の自分にできることを継続することでこそ強くなるのです。

エベレスト登頂に成功したある登山家に、「エベレストの頂上に立ったことで、心が強くなりましたか?」と質問したら、その答えはこうでした。

「私の心は登頂するまでのプロセスの中で強くなったのです。登頂したらむしろ気が抜けてしまいましたよ」

彼はエベレストに登るために何年にも及ぶ計画を立て、その計画に従って毎日を懸命に過ごしました。つまり、彼の心を強くしたのは、「エベレスト登頂に成功した」という成果ではなく、「毎日の努力の継続」だったのです。

「奉仕活動」に取り組むこと自体は決して難しくはないですが、1日も休まず続けるのは簡単なことではありません。だからこそ、「毎日の奉仕活動の継続」で心は強くなるのです。

あなたがこれから
職場（学校）と家庭で毎日実践する
奉仕活動を決める

職場（学校）の人たちや家族のために、あなたが毎日できることを清掃活動とエコ活動、そのほかの奉仕活動にわけて書いてください。

職場（学校）で

清掃活動

私は毎日、＿＿＿＿＿＿＿＿＿＿＿＿＿＿＿＿＿＿＿＿＿＿を整理整頓する。

私は毎日、＿＿＿＿＿＿＿＿＿＿＿＿＿＿＿＿＿＿＿＿＿＿を掃除する。

エコ活動

私は毎日、環境のために

＿＿＿＿＿＿＿＿＿＿＿＿＿＿＿＿＿＿＿＿＿＿＿＿＿＿をする。

そのほかの奉仕活動

私は毎日、職場（学校）のみんなのために

＿＿＿＿＿＿＿＿＿＿＿＿＿＿＿＿＿＿＿＿＿＿＿＿＿＿をする。

家庭で

清掃活動

私は毎日、_____を整理整頓する。

私は毎日、_____を掃除する。

エコ活動

私は毎日、環境のために

_____をする。

そのほかの奉仕活動

私は毎日、家族みんなのために

_____をする。

目標
達成力
UP!

あなたが毎日取り組む奉仕活動が
決まりました!

TRAINING 3

がむしゃらに頑張るだけでは成果は出ない
期限つきのゴールを定めよう

　夢や目標を掲げるときには、それを「いつ」達成するのかを、クリアにすること。

　それは夢や目標を実現させるための大事なセオリーです。

　実はここまで「夢」と「目標」をあえて同じように扱ってきましたが、この2つは実は同じではありません。

　その違いはどこにあるかわかりますか?

　それは達成の「期限」が明確かどうかです。言い換えるなら、「いつかこうなりたい」「いつかこれをやりたい」という夢は、期限を決めた時点で、夢ではなく目標になるのです。

いつ達成するのかを明確に決めることが
結果を出すための第一歩

　例えば「オリンピックで金メダルを取る」というのは、「いつ」が定められていないので、この時点ではただの夢です。期限を決めず、たとえば「次がダメなら、その次のオリンピックでもいいか」と考えてしまうかもしれません。「いつ」と決めないうちは、夢はぼんやりしたままなのです。

　夢を確実に実現させる一流のアスリートなら「2024年のパリオリンピックで金メダルを取る」というところまでクリアにして、目指すべき目標として設定し

ます。そして、それに向けての計画や戦略を決め、着々と実行していくのです。2024年ではなく、2028年のロサンゼルスをターゲットにする人もいるでしょう。その場合は、計画や戦略もまったく違ったものになるはずです。

　年中「5キロくらい痩せたいなあ」と思っていてもなかなか痩せられないのは、期限を決めないからです。期限を決めないうちは「5キロ痩せる」ことはいつか叶えたい夢にすぎません。だから結果も出ないのです。期限が決まらなければ戦略も決められないので、「とにかく痩せたい」と闇雲に頑張るしかなく、それだと無駄な努力に終わってしまいかねません。

　「3ヶ月後までに5キロ痩せる」というふうに期限を決めれば、それは目標になります。当然戦略も決まり、やるべきことも決まります。だから結果にもつながりやすくなるのです。

目標設定がクリアなら
日々の努力が成果につながる

　真面目な人ほど、とにかくがむしゃらに頑張ります。頑張ることは確かに素晴らしいのですが、頑張ることそれ自体が目標になってしまいがちです。残念ながらそれでは成果は出せないのです。

　成果を出せる人というのは、ただ漫然と頑張ったりはしません。努力する前に達成すべきゴールを明確に決めてから、その実現のための戦略を考えます。ターゲットがはっきりしていれば、戦略の精度も上がります。だから、成果が出るのです。

　「いつ」「何を」達成するかをクリアにする目標設定は、あなたの努力や頑張りを成果につなげる大きなカギです。

　これこそまさに、目標設定・目標達成の「技術」の第一歩なのです。

あなたの夢を達成する「期日」を決める

STEP 1

下の記入例を参考に、あなたの夢を思いつく限り、右ページに書き出してください。

STEP 2

それぞれの夢に、いつまでに実現したいかの「期日」（期限となる日付）を入れましょう。

夢	期日
例 新宿店で、月間売り上げ1000万円を達成	例 **2023** 年 **12** 月 **31** 日
例 体重を50kg台まで減らす	例 **2023** 年 **12** 月 **1** 日
例 海の近くに日当たりのいい家を建てる	例 **2028** 年 **4** 月 **1** 日
例 日本のシニアを元気にするニュービジネスを立ち上げる	例 **2033** 年 **1** 月 **1** 日

夢	期日
	年　　　月　　　日
	年　　　月　　　日
	年　　　月　　　日
	年　　　月　　　日
	年　　　月　　　日
	年　　　月　　　日
	年　　　月　　　日
	年　　　月　　　日
	年　　　月　　　日
	年　　　月　　　日
	年　　　月　　　日
	年　　　月　　　日
	年　　　月　　　日
	年　　　月　　　日

目標
達成力
UP!

これであなたの「夢」は
「目標」になりました!

TRAINING 4

決めた目標の下方修正は厳禁
目標のレベルを実感しよう

目標設定の技術として大事なことは、一度決めた目標は簡単に下方修正しない、という覚悟を持つことです。とりあえず「来年の●●大会で日本一になる」を目指してみて、途中で無理そうと思ったら3番くらいに変えればいいや、などと考えるようでは、目標設定する意味がありません。

途中で下方修正しないよう「適切なレベル」を把握する

だからこそ、目標を設定する時点で、その目標が自分にとってどれくらい難しいものであるかを理解する必要があります。難しいとわかっていれば、気を引き締めたり、よりハードな戦略を検討することもできるし、もちろん、自分にとって妥当だと思われるレベルにあらかじめ引き下げることもできます。いずれにしても、あとからむやみに下方修正するような事態は避けられます。

1. まずは過去のデータや実績にはとらわれず、「こうなったらいいなあ」という自分にとって「最高の目標」を書き出す

2. 次に、これまでの経験からすると、「これは確実に達成できる」という「最低限の目標」を書き出す

3. 難易度としての「中間の目標」を書き出す

（これは「感覚としての難易度の中間」であり、最高の目標と最低限の目標の数字的な「中間」というものではない点に注意）

4. 達成までの期限も考慮しながら、1、2、3の目標を比較して、今回の目標はどのあたりが適切なレベルかを考える

　ここで大事なのは、客観的で測定可能な目標を立てることと、比較ができるように目標の単位を揃えることです。「一生懸命やる」といった情緒面の目標や、最高の目標が「売上」で、最低限の目標が「顧客数」というのはダメです。

　また、気をつけていただきたいのは、「中間の目標」はあくまでも「中間の目標」であって、それが「適切なレベルの目標」だとは限らないということです。期限や目標の種類にもよりますが、例えば1ヶ月後までの営業成績の目標なら、おおむね現状の2割増しくらいが妥当な線だと考えられます。

　「目標は高いほどいい」という人もいます。私は「最高の目標」に関して言えば、それでいいと考えています。しかし今回実際に目指す「1ヶ月目標」については、必ずしもそうとは思いません。先に書いたように、1ヶ月先に達成できるのは、現状の2割増しぐらいが妥当だからです。今回は練習と考えて、今の2割増しぐらいを狙ってみてください。

　このワークブックを2回繰り返し、目標設定と達成の技術を身につけた後は、ぜひもっと長いスパンの、ハイレベルな目標にチャレンジしてもらいたいと思います。

心の幅の上限を伸ばすため
高い目標のイメージを広げておく

　「最高の目標」から「最低限の目標」までの幅は、あなたの「心の幅」でもあります。人間は自分の心の幅を超えることはできないので、心に描いた「最高の目標」以上の結果は得られません。

　自分自身の可能性に蓋をしないためにも、常に高い目標を思い描いてイメージを広げ、心の幅の上限を伸ばしておきましょう。

適切なレベルの目標を考える

WORK 3で書き出した目標のうち、数字で結果が示せるものを1つ選んでください。その目標をこのワークブックを使って、1ヶ月後に実現しましょう。

STEP 1 | 数字抜きの目標

選んだ目標をまずは数値抜きで書き出してください。

例 営業成績を上げたい

STEP 2 | 最高の目標（夢のような目標）

この目標を、どのくらいのレベルで達成できたら「夢のようで大満足」だと思いますか？ 数値を入れて書き出しましょう。

例 月間売り上げ1000万円

STEP 3 | 最低限の目標（確実に達成できる目標）

この目標について、どれくらいのレベルならば「今の自分でも確実に達成できる」と思いますか？ 数値を入れて書き出しましょう。

例 月間売り上げ300万円

STEP 4 | 中間の目標

STEP 2とSTEP 3の（難易度として）中間の目標を書き出しましょう。

例 月間売り上げ 800万円

STEP 5 | 1ヶ月後（　年　月　日）までの目標

STEP 2〜4の数値を参考に、1ヶ月後の目標を設定してください。目標達成のプロセスを実感できるよう、自分にとって適切なレベルの目標をよく考えて決めてください。目標のレベルはあまり上げすぎないこと。最初は比較的やさしい目標から始めましょう。

例 2023年11月30日までに月間売り上げ720万円を達成する

このワークブックで取り組む、
「1ヶ月目標」が決まりました！

TRAINING 5

モチベーションアップの最大の秘訣
4観点で目標を広げよう

　設定した目標を達成する「原動力」はその目標に対するやる気＝モチベーションです。

　原田メソッドでは、4つの観点から目標を捉えて、目標をさらに広げることで、そのモチベーションを高めて、継続させることができます。

「なぜ、その目標を達成したいのか」を
4つの観点から考えてみる

　例えば、「営業インセンティブも含め、年収1000万円を達成する」というのは、私が主語になる、お金という形のあるものを手にいれるための目標設定です。これを「私―有形」の目標、といいます。

　一般的な目標設定はこれで終わりです。しかし実は、あなたが気づいていな

いだけで、目標というのは、もっと多面的な「観点」を含んでいるのです。
それを見つける方法は簡単です。「その目標を達成したい理由」を考えて、文字にしていけばよいのです。

① 「私ー有形」私が主語の、形のある（見えやすい）目標
　「私は、営業インセンティブも含め年収1000万円を達成する」
② 「私ー無形」私が主語の、形のない（見えにくい）目標
　「私は、自分に自信が持てる」
③ 「社会・他者ー有形」私以外の人やものが主語の、形のある（見えやすい）目標
　「両親が、私からのプレゼントの旅行に行くことができる」
④ 「社会・他者ー無形」私以外の人やものが主語の、形のない（見えにくい）目標
　「妻が、私のことを誇りに思ってくれる」

　意識をちゃんと向けさえすれば、あなたにもすべての観点から見た「目標を達成したい理由」は必ずあります。そこを自覚できれば、「年収1000万円を達成したい」というモチベーションに「自分に自信をつけたい」「両親に旅行をプレゼントしたい」「妻に私のことを誇りに思ってもらいたい」というモチベーションまでが掛け算で上乗せされます。このように目標を広げれば、モチベーションは4倍以上にもなるのです。

「社会・他者ー無形」の目標が 最大のモチベーションになる

　ほとんどの方は「私ー有形」の目標を基本に考えますが、モチベーションを高めるのはその対角線上にある「社会・他者ー無形」の目標です。スポーツ選手はよく「みなさんに喜んでもらえるよう頑張ります!」などといった言葉を口にしますが、それがまさに「社会・他者ー無形」の目標です。「社会・他者ー無形」の目標は、目標を目指す過程での困難な場面を乗り越えるための、最も強い原動力となってくれます。

「1ヶ月目標」を
4つの観点で広げる

社会・他者の有形の目標を考えましょう（③）。

例 家族が、私がプレゼントする旅行を楽しんでくれる。

社会・他者の無形の目標を考えましょう（④）。

例 妻が安心してくれる。

WORK4で決めた「1ヶ月目標」を「私—有形」「私—無形」「社会・他者—有形」「社会・他者—無形」の4観点で広げていきます。書き込む順番に決まりはありませんが、自分のベースとなる目標をまず書き込み、そこから他の3観点を広げていくとよいでしょう。

私（あなた自身）の有形の目標を考えましょう（①）。

例 私は、月間売り上げ720万円を達成する。

私（あなた自身）の無形の目標を考えましょう（②）。

例 私は、自分に自信が持てるようになる。

「1ヶ月目標」を
センテンスにまとめる

次は、4観点で広げた「1ヶ月目標」を、センテンスにまとめていきます。センテンスにすることで、描いた目標にストーリーが生まれ、目標をよりイメージしやすくなります。また、目標達成の大きなカギとなるプラス思考に自分を導くには、自分をワクワクさせるようなプラスの感情を日常で強く意識することが大切です。

そこで、P.42–43も参考にしながら、プラスの感情を表す言葉を取り入れて、「ポジティブセンテンス」にしてみましょう。

こうして生まれた、よりモチベーションが刺激される目標のことを、原田メソッドでは「達成目標」と呼びます。

達成目標は、常に見て、声に出して読みます。目標に向けて取り組む過程で、もし辛いことや大変なことがあったときには、ぜひこの達成目標を見て、声に出して読んでみてください。ああ、そうか、私はこのために頑張っているのか、と、エネルギーが湧き上がってくるのを必ず感じてもらえるはずです。

4観点は、あなたの中にあるモチベーションの源泉です。

4観点で広げた目標を「私は●年●月●日までに、○○○○をする!」

というセンテンスにまとめてみましょう

例 私は、2023年11月30日に月間売り上げ720万円を達成し、家族が私がプレゼントした旅行を楽しみ、妻が安心してくれて、私が自分に自信を持ち、ワクワクしている。ありがとう。
(※最後は「ありがとう」と感謝の言葉で結んでみましょう!)

目標
達成力
UP!

4観点で目標が広がり、
モチベーションもアップしました!

プラスの感情を表す言葉集

「1ヶ月目標」をセンテンスにするときだけでなく、この先の「オープンウィンドウ64」や「1ヶ月目標設定用紙」、また「日誌」に書き込むときも、ここにあげるような「プラスの感情を表す言葉」を積極的に使って、ワクワク感を高めましょう。

あ
愛嬌のある
愛情に満ちた
愛する
愛想のよい
明るい
あこがれる
朝めし前
鮮やかな
味わい深い
温かい
頭がよい
新しい
アッと言わせる
あっぱれな
安心する
安全な

い
生き生きとした
イケてる
勇ましい
偉大な
いたわる
一流の
一切の
いっぱい
いとおしい
祈る
印象的な

う
ウキウキする
美しい
うっとりする

腕を磨く
うまい
うれしい

え
影響力のある
栄養のある
エネルギッシュな
エンジョイする

お
大きくなる
おしゃれな
穏やかな
落ち着く
おとなしい
驚くべき
お祭り気分の
おめでたい
思い出す
思いやりのある
面白い

か
快適な
輝いている
確信する
学問的な
賢い
価値のある
勝った
活動的な
金持ちの
カラフルな
かわいい

歓迎する
感激する
感じのよい
感謝する
簡単な
感動する
カンペキな

き
記憶する
気が利く
気がつく
基礎的な
決まっている
気持ちのいい
清い
驚異的な
器用な
協力的な
強力な
巨大な
キラキラ
気楽な
きらめく
規律正しい
きれいな
勤勉な

く
グー
空想的な
グッとくる
くつろいだ

け
計画的な
劇的な
激励の
元気いっぱいの
健康な
現実的な
建設的な

こ
恋する
好意的な
幸運な
光栄な
効果的である
好感の持てる
好奇心が強い
高級な
広大な
幸福な
公平な
声を出す
志す
心の温かい
心ひかれる
快くする
こなす
好む
この上もない

さ
叫ぶ
サッパリする

悟る

し
幸せな
自主的な
自信
静かな
自然の
親しみのある
実行する
しとやかな
社交的な
しゃれた
自由の
重要な
純粋な
準備する
正直な
上手な
情熱的な
上品な
丈夫な
女性らしい
調べる
知る
真実の
信じる
親切な
新鮮な
慎重な
信用できる

す
すがすがしい
すぐれた

042

すごい
スッキリする
素直な
素早い
素晴らしい
スポーツの
速やかな
澄んだ

せ

誠意ある
性格のよい
成功した
誠実な
精神的な
盛大な
成長する
生命の
勢力のある
責任がある
積極的な
宣言する
前進的な
全世界の
前途有望な
洗練された

そ

増加する
想像する
創造力のある
壮大な
聡明な
率直な
尊敬する

た

体験する
大切にする
ダイナミックな
タイムリーな
抱きしめる
たくましい
蓄えられた
確かな
助けになる
達成する
楽しい
断固とした

ち

知覚の鋭い
力強い
知能の高い
ちゃんとした
注意深い
忠実な
注目する
調子のよい
調和のとれた
直観力のある
チョロい

つ

通学する
努める
強くする

て

丁寧な
適任の
できる
電撃的な
テンションをあげ
る

と

堂々とした
透明な
ときめく
度胸をきめる
得意な
独創的な
特別な
トレーニングする

な

眺める
仲良くする
成し遂げる
名高い
なめらか
習う
慣れる

に

ニコニコする
任意の

忍耐強い

ね

熱心な
熱烈な
粘る

の

能力のある
乗り気な

は

激しい
働く
ハッキリする
発言する
はつらつとした
派手な
速い
晴れる
パワフルな
繁栄する
ハンサムな

ひ

惹かれる
びっくりさせる
秘密の
表情豊かな
評判の高い
敏感な
品行方正な
人付き合いのよい
人に好かれる
人を惹きつける

へ

平静な
平和な
変化に富む
勉強する

ほ

冒険的な
豊富な
朗らかな
誇る
ポジティブな
ホッとする

惚れる
本物の

ま

まじめな
待つ
学ぶ
真似る
満足な

み

見事な
認める
見習う
身につく
耳にする
耳を傾ける
魅力的な
見る

む

無邪気に
夢中にさせる
胸がワクワクする
胸をときめかす
胸を膨らませる

め

明確な
明瞭な
目覚める
目立った

も

申し分のない
猛烈な
燃えさかる
求める
物知りの

や

役に立つ
やさしい
休む
安らかな
やりくり上手
やる気を起こす
柔らかい

ゆ

優雅な
勇敢な
勇気がでる
優秀な
有能な
裕福な
有名な
ユーモアに富んだ
夢を見る

よ

よい
容易な
陽気な
余裕の
喜ぶ

ら

楽な
楽観する

り

リアルな
理解する
利口な
理想の
立派な
留学する
良心的な
リラックスする

れ

礼儀正しい
冷静な
練習する

わ

若い
わかりやすい
わかる
ワクワクする

TRAINING 6

「×の習慣」を「○の習慣」に
今の自分を分析しよう

「目標達成のために頑張ってるのに、いつも失敗する」という人には必ず、「失敗を招く習慣」があります。逆に言えば、その習慣に従っているから、同じ失敗を繰り返すのです。

その習慣を続けている限り、成功することはありません。

大事なのは、「失敗につながる習慣」を「成功をもたらす習慣」に変えることなのです。

「成功の習慣」と「失敗の習慣」を自己分析で明らかにする

ただし習慣というのは無意識に行うものなので、自分でもそれが失敗につながっていることに気づいていないケースが多々あります。また、うまくいったときの自分がどういう状態だったのかがわからないと「成功をもたらす習慣」を意識することもできません。

だからこそ、自分にはどんな無意識の習慣があるのか、それが自分のパフォーマンスにどう影響しているのか、そして、うまくいったときの自分はどういう状態だったのかを詳細に知ることがとても大切なのです。

多くの人は、目標を設定したら、すぐにそれを達成するための「方法」を考えようとしますが、それは間違っています。絶対に目標を達成したいのなら、自

分の状態を知ることが大切なのです。これを「自己分析」といいます。

「×の習慣」をどうすれば減らせるかを
徹底的に考えるのが成功のカギ

自己分析のやり方自体は決して難しくありません。

まず、成功したときの自分、失敗したときの自分を振り返り、自分の中にある「○の習慣」と「×の習慣」を文字にして書き出します。そうすることで、自分にとって何が○で、何が×なのかに気づくことができます。

あとは「×の習慣」を減らして、「○の習慣」を増やすようにします。「×の習慣」を減らすのに何が必要なのかまでを具体的に考えることで、確実に習慣は変えられます。

たとえば、朝起きるのがどうしても苦手で、いつもギリギリの時間に出発し会社に遅刻しそうなことが多い、という人がいたとします。その「×の習慣」に気づいたとしても、「だから早寝する」と考えるだけでは、残念ながら「×の習慣」から抜け出すことは難しいでしょう。

そこで、自己分析。「なぜ早起きができないのか」と考える。寝る時間が遅いから。ではなぜ寝る時間が遅いのか。それはベッドでスマホをみていて気がつけば1時間ほど過ぎていて眠れなくなっているから。ではどうすればいい？　寝る時は、枕元から少し離れたところにスマホを置き、ベッドの中では見ない。

どうですか。自己分析の結果、「×の習慣」から抜け出すための具体的な対策も見つかりました。

このように自己分析すればするほど、目標達成に近づくのです。私の研修を受けた人たちの様子を見ても、自己分析の文字数が多い人は、目標達成の確率が圧倒的に高いのです。

自分の悪い習慣を探し当て、自分だけの改善方法を導き出す自己分析は、成功のための重要なステップの一つなのです。

「○の習慣」と「×の習慣」に気づく

過去の成功体験と失敗体験を振り返り、自分の「強み」と「弱み」を洗い出しましょう。

STEP 1

①あなたが今まで一番成果を出したのは、いつ、何をしたときですか?
　⑳ 大阪支店で月間セールス1位になったとき

②そのときのことを「心」「技」「体」「生活」という4つの側面から振り返ってみましょう。

- そのとき、「心」はどんな状態でしたか?
　⑳ 何事にも強気で取り組めた

- そのとき、どんなふうに仕事（勉強）を進めましたか?
　⑳ 新聞各紙に毎朝目を通し、情報収集は十分だった

- そのとき、体（健康状態）はどうでしたか?
　⑳ 休みの日にはジムで体を鍛えていた

- そのとき、生活（家族との関係も含む）はどうでしたか?
　⑳ 週末は家族と楽しい時間を過ごしていた

①あなたが今まで一番成果を出せなかった（失敗した）のは、いつ、何をしたときですか？

例 ○○社からの契約を打ち切られてしまったとき

②そのときのことを「心」「技」「体」「生活」という4つの側面から振り返ってみましょう。

- そのとき、「心」はどんな状態でしたか？

例 いつも焦っていて、落ち着きがなかった

- そのとき、どんなふうに仕事（勉強）を進めましたか？

例 仕事に追われ、新しい情報をインプットする余裕がなかった

- そのとき、体（健康状態）はどうでしたか？

例 睡眠不足で頭がぼーっとすることが多かった

- そのとき、生活（家族との関係も含む）はどうでしたか？

例 家族との会話がほとんどなかった

目標
達成力
UP!

これで、あなたの
「強み」と「弱み」が明らかになりました！

TRAINING 7

安定的な達成力のカギとなる
準備力を鍛えよう

　世の中の出来事は、すべて自分が期待した通りに起こるわけではありません。予期せぬ出来事も当然起きます。

　しかし、起きるであろう出来事や問題点を「予測」し、その範囲内で備えておくことはできます。

　これが「準備力」です。

「準備力」のある人は、起こり得る問題を事前に予測し、それらが起こった場合の解決策も準備した上で、やるべきことを実行します。だから常に安定して高い結果を出せるのです。

闇雲に不安になるのではなく
自力で対処できることへの準備を整える

　私がかつて指導していた陸上部でも、準備力がカギとなっていました。明日がいよいよ全国大会の決勝という日、心配なことはたくさんあります。

　天気予報は晴れでも、予報が外れて大雨になったり、急に気温が下がったりしたらどうしよう。

　宿の朝食に嫌いなものが出て、思うように食べられなかったらどうしよう。

　相手選手の実力が、予想していたよりずっと高かったらどうしよう。

　試合の途中で靴ひもが切れてしまったらどうしよう。

そういう未来のことの中には、自分たちの力ではどうにもできないこともあります。例えば天気や相手選手の実力はいくら考えてもこちらでコントロールすることはできません。

しかし、靴ひもは替えを用意できるし、朝食もあらかじめ宿の人と相談すれば希望のメニューを出してもらうことはできます。天気は変えられなくても、雨の場合に備えて着替えを用意することはできます。

自分ではどうすることもできないこと（天気や相手の実力）は、考えないことです。代わりに、自分の力でどうにかできることにこそ、準備力を発揮するのです。

だから陸上部の子どもたちは、いつも山のような荷物を抱えて会場に向かっていました。替えの靴ひもから風邪薬、そして着替え、また、たとえ季節が夏でも、寒くなったときのためのカイロまで用意していたのですから当然です。

こうやって起こるかもしれないことに対する「できること」をしっかり準備しておけば、想定外の事態を減らすことができるので、それだけで不安や焦りが消えていきます。そうやって「平常心」で試合に臨むことができたからこそ、陸上部の子どもたちは、狙った結果を出すことができたのです。「準備力」あってこその「平常心」。これはあらゆる場面で活用できる考え方です。

プレッシャーに強い人とは 準備力の高い人のことである

大舞台でも平常心で臨める人のことを「プレッシャーに強い人」と表現します。「プレッシャーに強い」というのは、単に気持ちの問題ではありません。その秘訣は、どんな状況になっても「平常心」を保つための「準備力」の高さにあるのです。

起こり得る問題を予測し、
解決策を準備する

「1ヶ月目標」の達成に向けて予想される問題と、その解決策を書き出し、準備しましょう。

STEP **1**

「1ヶ月目標」の達成までにどんな問題が起こると予想されますか？
WORK 6と同様に、「心」「技」「体」「生活」という4つの側面から考えてみましょう。

①心の面では、どんな問題が起こり得ると思いますか？

⑳ プレゼンテーションのとき、緊張してうまく話せなくなる

②仕事（勉強）の進め方の面では、どんな問題が起こり得ると思いますか？

⑳ パソコンがうまく使えなくて、資料づくりが難航する

③体や健康状態の面では、どんな問題が起こり得ると思いますか？

⑳ 深酒をして、午前中ぼーっとしてしまう

④家族との関係や生活の面では、どんな問題が起こり得ると思いますか？

⑳ 仕事から帰るのが遅くなり、夫婦喧嘩になってしまう

STEP 2

STEP 1であげた問題が本当に起こったとき、どんな対策を打てばいいと思いますか?

①心の問題には、どんな対策が打てますか?

例 プレゼンテーション当日の朝、リハーサルを3回やる

- -

②仕事(勉強)の進め方の問題には、どんな対策が打てますか?

例 パソコンが得意な山田さんに、資料づくりを手伝ってもらう

- -

③体や健康状態の問題には、どんな対策が打てますか?

例 ビールは1日2缶まで! 減らした分、しっかり水を飲む!

- -

④家族との関係や生活の問題には、どんな対策が打てますか?

例 繁忙期には帰りが遅くなると事前に説明し、目標達成したらお礼の外食を約束しておく

- -

目標
達成力
UP!

これで、起こり得る問題への
解決策が準備できました!

8 × 8 の 目 標 達 成 の 方 法 を 考 え る
「オープンウィンドウ64」を
書いてみよう

　次はいよいよ確実な目標達成に向けて、「何を実践すべきか」という具体的な行動目標を考えていきます。

　ここまで進んできたあなたなら、とにかく頑張ればいい、という行動では目標達成の確率は低い、ということはよくわかっていると思います。

　行動は、できる限り具体的に。文字を読んだだけで、何をすればいいのかがすぐわかるように。

　それを考えるのに役立つのが、「原田メソッド」のツールのひとつである「オープンウィンドウ64」です。

オープンウィンドウ64フォーマット

　「オープンウィンドウ64」の大きな特徴は、中央に掲げた目標を達成するための「必要な要素」と「実践すべき行動=行動目標」が1枚のシートにすべて落とし込めることにあります。

　さっそく作成方法を説明しましょう。

1. シートの真ん中に
目標を書き込む

　例えばTRAINING 5でも例に上げた「営業インセンティブも含め、年収
1000万円を達成する」を、1年後までに達成したい目標と設定するなら、まず
それをシートの真ん中に書き込みます。

	営業インセンティブも含め、 年収1000万円を 達成する	

2. 真ん中の周辺の8つのマスに、その目標を達成するのに必要な要素を書き込む

ここで思い出していただきたいのは、WORK 1でもお話しした「心（メンタル）・技（スキル）・体（健康）・生活」のバランスです。

「技」の要素が多くなることはあるかもしれませんが、4つのうち1つでも欠けてしまうと目標達成は難しくなります。

この例の場合なら、「販売促進（技）」「人材育成（技）」「サービス向上（技）」「商品知識アップ（技）」「スタッフのメンタルサポート（技・心）」「チームの関係性向上（心）」「生活面の環境整備（体・生活）」「自分の人間力向上（心・生活）」などが考えられます。

また、書き込むときは真上のマスから時計回りに、思いついた順でいいので書き込んでいきましょう。

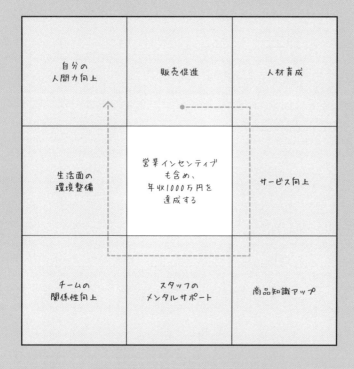

3. 2で書き込んだ8つの要素を、そこから放射状に伸ばしたマスの中心にも書き込む

この時点で先ほどの8つの要素が設定されました。

	自分の 人間力向上			販売促進			人材育成	
	生活面の 環境整備			営業インセンティブも含め、年収1000万円を達成する			サービス向上	
	チームの 関係性向上			スタッフのメンタルサポート			商品知識アップ	

4. 8つの要素を実現するために
必要な行動を周りのマスに書き込む

　ここで書き込まれるのが「行動目標」です。また、この「行動目標」も真上から時計回りに思いついた順番でよいので書き込んでください。

　「行動目標」を考える上で、大事なポイントは以下の4つです。

- 目標を達成するための階段となったり、達成状況を把握するチェックポイントとなる、期限を決めてやるべき「期日行動」を作ること
- 毎日（あるいは毎週）継続する「ルーティン行動」を作ること
- WORK 6で洗い出した自分の「強み」や「弱み」、WORK 7に書き出した「予想される問題」と「解決策」を参考にしながら、自分にとって質の高い行動目標を立てること
- 「一生懸命やる」「きっちりやる」「たくさん電話する」といったあいまいな表現ではなく、数値や方法を入れて具体的に表現すること

　例えば「販売促進」という要素については、
「Aエリアで●月●日までにポスティングを200枚行う」（期日行動）
「毎日街頭でチラシを100枚配る」（ルーティン行動）
「商品案内メールを週に1回一斉送信する」（ルーティン行動）
「パブリシティ掲載依頼を月末までに10サイトに依頼する」（期日行動）
「レジ横で配るパンフレットを●月●日までに作成依頼する」（期日行動）
「電話営業を午前中のうちに毎日20件行う」（ルーティン行動）
「午後の企業訪問を毎日5件行う」（ルーティン行動）
「前日予約いただいたお客様に翌日必ずお礼のメールを出す」（ルーティン行動）
といった行動になっていれば合格です。

　すべてのマスに書き込んだら完成です。

「オープンウィンドウ64」の作成はかなり頭を使う作業ですが、これがこの後作成する「1ヶ月目標設定用紙」のベースになります。

また、「オープンウィンドウ64」を完成させることは、結果を出すことにフォーカスする「実践思考」を高めるトレーニングでもあるので、目標を設定する度に、書いて書いて書き続けてください。

ルーティン行動の継続	ありがとうと自分から言う	批判ではなく代案を伝える	毎日朝に在庫確認 売上確認 顧客FB確認	Aエリアで6/30までにポスティング200枚	毎日街頭でチラシを100枚配布	週1回の業績確認	週1回の勉強会開催	チームで外部研修を積極的に受講する
日誌をつけ毎日自分を振り返る	自分の人間力向上	あいさつは必ず自分からする	週まメール開封率チェック	販売促進	商品案内のメールを毎木曜日に送信	毎日の業務日報を点検・FB	人材育成	社内研修のFB会を開催定着を図る
メディテーションを実践	聞き手・肯定から入るコミュニケーション	誰も見ていなくても一日一善+α	隔日でIGへ商品宣伝投稿	固定のお客様への週1のお伺いメール	9/30までにパブリシティ掲載依頼を10サイト依頼	部下に信頼してもらえる行動をとる	信用して部下に任せる	2週に1回の1on1 mtg
寝る前30分からはスマホ見ない	毎日24時に寝て6時に起きる	週に2回はジムorランニング	自分の人間力向上	販売促進	人材育成	10分mtgで今日の優失事項を確認	朝に前日の顧客のFB確認と対応決定	退社前に前日の顧客のFBへの対応済確認
部屋の温度と湿度を管理し体調を整える	生活面の環境整備	休日は家族の食を作る	生活面の環境整備	営業インセンティブも含め、年収1000万円を達成する	サービス向上	お誕生日メール・DMの発送確認	サービス向上	週1回、対応マニュアルの点検
週に2回以上両親にライン送る	妻と1日1回必ず座って会話する	仕事部屋の掃除週1回	チームの関係性向上	スタッフのメンタルサポート	商品知識アップ	2週に1回競合他社を訪問し評価分析	毎朝役割分担で店舗清掃	Slackで毎日情報交換
失敗を共有し評価ではなく共有すべき情報とする	定例会議でのチェックイン実施	月1回目標共有のmtg	スタッフ同士のトラブルでは最初は必ず中立的な立場をとる	メンタルヘルス情報の共有	自分自身が常にオープンドアであること	営業台本のブラッシュアップ	ロールプレイング	週1回チーム内で商品使用の情報交換
2週間に1回デスク引越し	チームの関係性向上	行動否定もその言い方や伝え方を工夫	背景や前提は全員と共有する	スタッフのメンタルサポート	2ヶ月に1回アセスメント実施	週1回本屋で業界関連の新刊をチェックする	商品知識アップ	週1回競合商品の使用研究会
メンバー同士でメンタリング	ありがとうカード自然な形で継続	「その日のことはその日のうちに」の解決ルールの徹底	業務日報で勤務時間を把握	匿名FBの実施	週初めのチェックインミーティング	毎日新聞に目を通す	毎朝通勤中業界メルマガ3本読む	週1回ユーザーレビューのまとめ

「オープンウィンドウ64」を
つくってみる

あなたが決めた「1ヶ月目標」の「オープンウィンドウ64」を完成させましょう。P.60〜 61のシートに書き込んでください。

STEP **1**

シートの真ん中に「1ヶ月目標」を書き込む

STEP **2**

目標を書いた周辺の8つのマスに、

その目標を達成するのに必要な要素を書き込む

「心（メンタル）・技（スキル）・体（健康）・生活」のバランスに注意しましょう。4つのうち1つでも欠けてしまうと目標達成は難しくなります。

この例の場合は、「販売促進（技）」「人材育成（技）」「サービス向上（技）」「商品知識アップ（技）」「スタッフのメンタルサポート（技・心）」「チームの関係性向上（心）」「生活面の環境整備（体・生活）」「自分の人間力向上（心・生活）」と、4つの側面が意識されているので合格です。

思いついた順でよいので、真上のマスから時計回りに書き込んでいきましょう。

要素8 自分の 人間力向上	要素1 販売促進	要素2 人材育成
要素7 生活面の 環境整備	1ヶ月目標 月間売り上げ 720万円	要素3 サービス 向上
要素6 チームの 関係性向上	要素5 スタッフの メンタル サポート	要素4 商品知識 アップ

STEP 3

STEP 2で書き込んだ8つの要素を、
そこから放射状に伸ばしたマスの中心にも書き込む

STEP 4

8つの要素を実現するために
必要な行動を周りのマスに書き込む

ここで書き込まれるのが「行動目標」です。この「行動目標」も思いつい
た順番でよいので、真上から時計回りにどんどん書き込んでください。

「オープンウィンドウ64」のシートや記入例はPDF版でもご用意
しています。ぜひ、ご活用ください。

ダウンロードはこちらから!

https://d21.co.jp/special/openwindow/

ユーザー名: discover2988
パスワード: openwindow

これで、あなただけの
「オープンウィンドウ64」が作成できました!

	要素8			要素1
			要素8	要素1
	要素7		要素7	1ヶ月目標
			要素6	要素5
	要素6			要素5

		要素2	
要素2			
要素3		要素3	
要素4			
		要素4	

「ルーティン行動」を整理する

WORK 8-1 の「オープンウィンドウ64」に書き込まれた「行動目標」のうち、特に大事で、毎日続けることで成果につながるものを10個書き出しましょう。

例 **毎日街頭でチラシを100枚配る**

❶

❷

❸

❹

❺

❻

❼

❽

❾

❿

目標
達成力
UP!

繰り返すことで成果をあげる
「ルーティン行動」が明確になりました!

「期日行動」を整理する

WORK 8-1 の「オープンウィンドウ64」に書き込まれた「行動目標」のうち、特に大事で、期限を決めてやるべきものを10個、期日とともに書き出しておきましょう。

例 Aエリアでポスティングを200枚行う	期日 **11月23日**
①	期日
②	期日
③	期日
④	期日
⑤	期日
⑥	期日
⑦	期日
⑧	期日
⑨	期日
⑩	期日

目標達成力 UP! 期限を意識することで成功の確率が上がる「期日行動」が明確になりました!

TRAINING 9

心 の 栄 養 は 周 り か ら も ら う
助けてもらう準備をしよう

目標達成できるかどうかは自分自身との戦い。

そんなふうに思っていませんか?

もちろん目標達成に向けてやるべきことを継続すること、自分自身がそれをやりきることが成果を左右するのは間違いありません。

けれども、ふと「もうダメかもしれない。やめようかな」と心が弱まってきたとき、それを再び奮い立たせてくれるのは、周りの人たちのサポートやアシストなのです。

世 の 中 の 成 功 者 は
必 要 な と き に 必 要 な 助 け を 得 て い る

成功する人というのは、助けを必要とするときに不思議と誰かに助けてもらうことができます。

それは実は「不思議」ではなく、成功する人は普段から「助けてもらえる準備」をしているのです。

「いつ、どこで、誰に、どう助けてもらいたいか」を予測して、助けてもらいたい相手とのよい関係をあらかじめ築いておくなど、環境を整えるのも成功する人が持つ「準備力」の一つだと言ってよいでしょう。普段から周囲とよいコミュニケーションができているとも言えます。

心理学では「人とのコミュニケーションで生まれる心の刺激」のことを「ストローク」と言います。

　その中でも特に、心にプラスの影響を与えてくれるストロークは、その人の「心の栄養」となります。

　体の健康維持のためにはタンパク質やビタミンなどの栄養が必要です。心の健康維持のためには、元気ややる気という「心の栄養」が必要なのです。

　心の栄養は自ら作り出すこともできますが、その多くは周りから与えられるものです。「○○さんに毎日頑張れ!と声をかけてもらう」といったことが目標達成を支える大きな力となるのです。だからこそ、日ごろから周りの人たちへの感謝の気持ちを忘れず、よい関わりを増やすことが大切なのです。

　反対に、マイナスの関わりだとかえってやる気が削がれますので、自分にとって何がそれにあたるかをあらかじめ考えておいて、「こういうことはしないでほしい」「こういう言葉はかけないでほしい」と前もって周りに伝えておくのがよいでしょう。

周りの人の力を借りることで
目標達成のモチベーションがアップする

　実は、周りの力を借りれば借りるほど、WORK 5でお話しした4観点で言うところの「社会・他者―無形」の目標、すなわち、「支えてくれた家族を喜ばせたい」「いつも助けてくれた友達を笑顔にしたい」という気持ちが高まります。つまり、目標達成へのモチベーションがより強化されるのです。

　人間が「自分のために」と思って出せる力はあまり大きくありません。「あの人のために!」と思えたときにこそ、ここ一番の爆発的な力が出るのです。

目標達成の支援者と
支援内容を考える

「1ヶ月目標」の達成に向けて、「誰に」「何を」してほしいかを具体的に
考えましょう。

STEP **1**

あなたの目標達成を支援してほしい人を書き出してください。支援者は3
〜 4人設定しましょう。

STEP **2**

その人にしてほしいことや言ってほしい言葉を書き出してください。

STEP **3**

その人にしてほしくないことや言ってほしくない言葉を書き出してください。

支援してほしい人　　例 **妻**

してほしいこと/言ってほしい言葉　　例 **朝お弁当を作ってほしい/「頑張って」**

してほしくないこと/言ってほしくない言葉　　例 **帰りが遅いことに文句を言う/「どうせ無理でしょ」**

支援してほしい人

してほしいこと/言ってほしい言葉

してほしくないこと/言ってほしくない言葉

支援してほしい人 ....

してほしいこと/言ってほしい言葉 ....

してほしくないこと/言ってほしくない言葉 ....

支援してほしい人 ....

してほしいこと/言ってほしい言葉 ....

してほしくないこと/言ってほしくない言葉 ....

支援してほしい人 ....

してほしいこと/言ってほしい言葉 ....

してほしくないこと/言ってほしくない言葉 ....

目標
達成力
UP!

あなたの支援者と
お願いしておく支援内容が決まりました!

心を奮い立たせる術を学ぼう

　ここで、目標達成に役立つ「心を奮い立たせる技術」についてお伝えしておきます。

　トップアスリートや成功者は「メンタルが強い」と思われていますが、心の強さは生まれながらに備わっているのではありません。彼らに共通するのは、「メンタルを強くする自分なりの術」を持っていることです。

心を奮い立たせる3本柱は「決意表明」「セルフトーク」「切り替えルーティン」

　その言動を分析すると、その術は次の3つに大別されます。

1. 「決意表明」をする

　結果を出すアスリートほど、「パリオリンピックで必ず金メダルを取ります」などと、自分の目標を堂々と公言します。あえてそうすることで、自分を追い込み、心を奮い立たせているのです。

2. 自分を前向きにする「セルフトーク」を持つ

　2016年のリオデジャネイロオリンピックで銅メダルを獲得したバドミントンの奥原希望選手がコートに入ったあとにラケットを抱きしめ、何かを呟いていたことを覚えている人もいるでしょう。記事などによると、その内容は「ここまで来られたこと、たくさんのサポートやファンのみなさん、すべてに感謝してこの舞台を楽しもう！　やり切ろう！　よし!」という言葉なのだそうです。自分自身を肯定し、意識を高めるこのような励ましの言葉はまさに「セルフトーク」です。

3. 自分の気持ちを整える「切り替えルーティン」を持つ

　2015年のラグビーワールドカップで活躍した五郎丸歩選手は、ゴールキックを蹴る前に体を少し前屈みにし、人差し指を立てた状態で両手を顔の前で合わせてから、キックを蹴っていました。あれこそが「ルーティン」です。五郎丸選手は、体の中心を意識し、集中力を高める方法として、メンタルコーチの方と一緒にあの一連の動作を生み出したそうです。同じ場面で同じ動作を繰り返すことで五郎丸選手は平常心を作り出し、高い集中力を保っていたのです。

心のコントロール法は
成功者の真似をするのも GOOD

　モチベーションを高め、平常心を保ち集中力を発揮するために、あなただけの3つの術をつくってみましょう。心は、コントロールできるのです。

　例えば「受注100件取るぞ!　私なら必ずできる!」といった「決意表明」は紙に書き出し、自宅の壁などに貼って、毎朝毎晩視覚に焼き付けると気持ちが引き締まります。「決意表明」は口に出して聴覚で捉えることも大事です。紙に書いた「決意表明」を口に出してみたらあまりピンとこないという場合は、別の言い方に変えるなどの工夫をしてください。

　「セルフトーク」は他人に理解してもらう必要はなく、自分をプラス思考にしてくれる言葉、勇気を与えてくれる言葉であれば、なんでもかまいません。ただし、いつでも繰り返し口に出せる決して忘れない言葉であることが大事です。

　動作で心を奮い立てる「ルーティン」は、重要な場面で気合いを入れる「向上ルーティン」と、失敗の後で気持ちをリセットする「切り捨てルーティン」の2種類を考えておくとよいでしょう。

　こうして心をコントロールする術を身につければ、目標達成はまた一歩近づきます。

「決意表明」「セルフトーク」 「切り替えルーティン」を考える

自分の気持ちを前向きにさせる自分らしいコントロール法を考えましょう。

STEP 1

「文字にして読む」ことで元気が出て、モチベーションが上がる言葉＝「決意表明」を作りましょう。

あなたの決意表明

例「絶対目標達成!」「全力投球!」

紙に書いて貼り出し、目に焼き付ければ、気持ちが奮い立ちます

STEP 2

「口に出して言う」ことで元気が出て、モチベーションが上がる言葉＝「セルフトーク」を作りましょう。

あなたのセルフトーク

例「頑張るぞ!」「まだまだいけるぞ!」

自分で自分に肯定的な言葉をかければ、気持ちが奮い立ちます

STEP **3**

頑張らなくてはいけないここ一番の場面で、集中するときにする動作=「向上ルーティン」を作りましょう。

あなたの向上ルーティン

 頬を叩いて「ヨシッ!」。握りこぶしを天に突き上げてセルフトークをする

⌄⌄

自分の力で、プラス思考を作り出します

STEP **4**

ミスをしたり、嫌な気分になったとき、気持ちを切り替えるための動作=「切り捨てルーティン」を作りましょう。

あなたの切り捨てルーティン

 深呼吸して、スマイルする。嫌な気持ちを付箋に書いてゴミ箱に捨てる

⌄⌄

自分の力で、マイナス思考を切り捨てます

目標
達成力
UP!

心をコントロールする方法が決まりました!

第 **2** 章

成功のシナリオを
つくって
モチベーションを高める

1ヶ月目標設定用紙を
完成させよう!

　この章ではいよいよ、あなたの目標達成のシナリオとなる「1ヶ月目標設定用紙」を完成させます。

　とはいっても、第1章の9つのワークですでに素案はでき上がっていますので、あとはその内容を1枚の用紙にまとめるだけです。書き方のポイントを参考にしながらP.76-77のフォーマットに書き入れましょう。

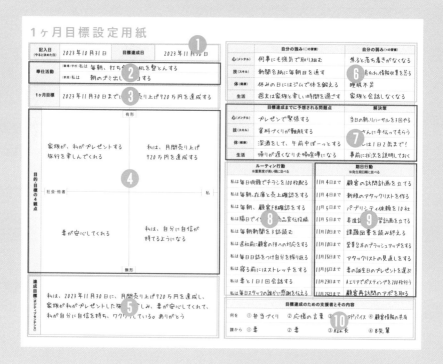

書き方のポイント

① 今回の目標を達成する日付を書きます。これで夢が目標になります。

② WORK 2で決めた「職場や学校で行う奉仕活動」「家庭で行う奉仕活動」を書きます。

③ WORK 4で決めた「1ヶ月目標」を書きます。

④ 「1ヶ月目標」を4観点で広げたWORK5-1の内容を書きます。

⑤ 4観点で広げた「1ヶ月目標」をポジティブセンテンスにしたWORK5-2の「達成目標」を書きます。目標へのモチベーションがさらに高まります。

⑥ WORK 6の自己分析をもとに、「心（メンタル）・技（スキル）・体（健康）・生活」の強み（○の習慣）と弱み（×の習慣）を書きます。言葉で書き出しておくことで、「×の習慣」を「○の習慣」に変える行動を促すことができます。

⑦ WORK 7で考えた、目標達成までに起こり得る問題点とその解決策を「心（メンタル）・技（スキル）・体（健康）・生活」にわけて書きます。予測と準備をしておくことで、冷静に対処することができます。

⑧ WORK 8-2に書き出した「ルーティン行動」を重要度が高い順に書き写します。「ルーティン行動」は、P.80-81のルーティンチェック表にも書きます。

⑨ WORK 8-3に書き出した「期日行動」を発生期日順に書き写します。

⑩ WORK 9で考えた「目標達成のために支援してもらいたい人とその支援内容」を書きます。支援者にも、目標設定用紙を見せておきましょう。

1ヶ月目標設定用紙

記入日 （やると決めた日）		目標達成日	
奉仕活動	（職場/学校）私は		
	（家庭）私は		
1ヶ月目標			

目的・目標の4観点	有形 社会・他者 ──────────────── 私 無形
達成目標（ポジティブセンテンス）	

	自分の強み（○の習慣）	自分の弱み（×の習慣）
心（メンタル）		
技（スキル）		
体（健康）		
生活		
	目標達成までに予想される問題点	解決策
心（メンタル）		
技（スキル）		
体（健康）		
生活		

ルーティン行動 ※重要度が高い順に並べる	期日行動 ※発生期日順に並べる	
私は	月　日まで	
私は	月　日まで	
私は	月　日まで	
私は	月　日まで	
私は	月　日まで	
私は	月　日まで	
私は	月　日まで	
私は	月　日まで	
私は	月　日まで	
私は	月　日まで	

目標達成のための支援者とその内容			
何を　①	②	③	④
誰から　①	②	③	④

ルーティンチェック表（前半）を準備しよう

　どんなに大きな目標も、毎日の小さな行動＝ルーティン行動の積み重ねによって達成されます。

　その行動をフォローアップするのが、「ルーティンチェック表」です。

　まず、「ルーティンチェック表（前半）」（P.80-81）を作成します。

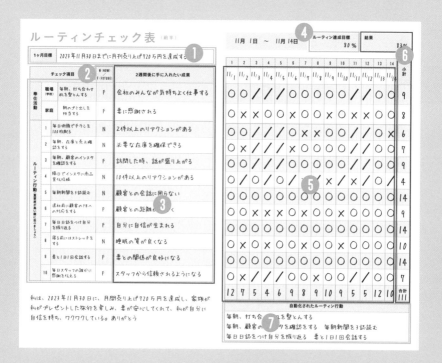

① 「1ヶ月目標設定用紙」の「1ヶ月目標」を書き写します。下の空いているスペースに「達成目標（ポジティブセンテンス）」も書けば、モチベーションがより高まります。

② 同様に「奉仕活動」、「ルーティン行動」を書き写します。「ルーティン行動」には**N**（Now＝今すでに取り組んでいる行動やこれまでやったことがある行動）と、**F**（Future＝これから取り組む行動）があります。今までに取り組んだことのある行動をやり遂げることも大切ですが、それだけでは、「今までと同様」の成果しか生まれない可能性があります。今まで取り組んでいない行動に取り組むからこそ自分が成長し、新しい成果を手に入れることができるのです。Nの行動だけでなく、Fの行動にあえて取り組んでみる、ということも意識してみましょう。

③ 書き込んだ「奉仕活動」や「ルーティン行動」を継続することでどういう成果が得られるのかを、「2週間後に手に入れたい成果」の欄に書き込んでください。そうすることで、継続のモチベーションが高まります。

④ 「ルーティン行動」の達成率の目標を書き込みます。

⑤ 完成した「ルーティンチェック表」はP.90からの日誌と合わせて使います。取り組む前に、実践できないことが明らかな日（例えば「職場でゴミ捨てをする」＝会社の定休日は実践できない）には、先に「／」を入れておきましょう。これで実践の準備が整いました。実行できたかできなかったかは「○＝できた」「×＝できなかった」で仕分けしましょう。「○」を積み重ね、「やれる!」という自信（自己効力感と自己肯定感）を高めましょう。

⑥ 2週間後、「○」の数を項目ごとに集計し、達成率の結果も書きます。

⑦ すべて「○」が続いた項目は、「自動化されたルーティン行動」の欄に書き写します。これはすでにその習慣が身につき無意識下で行えるようになったという意味です。

ルーティンチェック表 (前半)

1ヶ月目標	

チェック項目		N (NOW) / F (FUTURE)	2週間後に手に入れたい成果
奉仕活動	職場 (学校)		
	家庭		
ルーティン行動 (重要度が高い順に並べましょう)	1		
	2		
	3		
	4		
	5		
	6		
	7		
	8		
	9		
	10		

月　日　〜　月　日 ルーティン達成目標 ____ % 結果 ____ %

1	2	3	4	5	6	7	8	9	10	11	12	13	14	小計
/	/	/	/	/	/	/	/	/	/	/	/	/	/	
														合計

自動化されたルーティン行動

ルーティンチェック表（後半）を準備しよう

1ヶ月のうちの半分（2週間）が過ぎ、「ルーティンチェック表（前半）」にすべて書き込めたら、月の後半のための「ルーティンチェック表（後半）」を作成します。

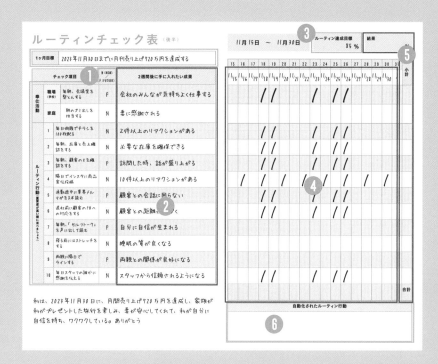

❶ 「1ヶ月目標」をもう一度書き、前半で自動化されなかった項目＋新たなルーティン行動（P.60-61で作成した「オープンウィンドウ64」の中から探します）で、改めて10個の「ルーティン行動」を書き込みます。

その際、前半から引き続き書き込んだ項目には**N**、新たに加わった項目には**F**をN/F 欄に書き込んでください。**N**はNow、**F**はFutureの意味で、Fが多いほど成長している、未来に向かっていることを表します。

❷〜❹は「ルーティンチェック表（前半）」と同様です。

「ルーティンチェック表」（前半）から引き続き、○が2週間以上続いた項目は「自動化されたルーティン行動」に書き写します。また、その項目が書かれていた「チェック項目」の欄には新たな「ルーティン行動」あるいは「奉仕活動」を書き加えてください。

❺ 1ヶ月の終わりには月の後半の集計を行います。達成率の結果も書きましょう。

❻ すべて「○」がついた項目は「自動化されたルーティン行動」の欄に書き写します。

目標達成力さらにUP!

「自動化されたルーティン行動」の数は
目標達成の可能性に比例します

ルーティンチェック表 （後半）

1ヶ月目標	

チェック項目		N (NOW) / F (FUTURE)	2週間後に手に入れたい成果
奉仕活動	職場 (学校)		
	家庭		
ルーティン行動（重要度が高い順に並べましょう）	1		
	2		
	3		
	4		
	5		
	6		
	7		
	8		
	9		
	10		

| 月　日　〜　月　日 | | | | | | | ルーティン達成目標
％ | | | | | 結果
％ | | | | |

15	16	17	18	19	20	21	22	23	24	25	26	27	28	29	30	31	小計
/	/	/	/	/	/	/	/	/	/	/	/	/	/	/	/	/	
																	合計

自動化されたルーティン行動

CHECK!

1ヶ月目標設定用紙・ルーティンチェック表
セルフチェックシート

1ヶ月目標設定用紙

1. すべての項目が記入されていますか? □

2. 奉仕活動は「いつやるか」「どのタイミングでやるか」まで決められていますか? □

3. 「達成目標(ポジティブセンテンス)」は4観点を盛り込んだものになっていますか? また期日は書き込まれていますか? 声に出して読むと、モチベーションが高まり、目標達成できている自分が鮮明にイメージできるものになっていますか? □

4. 「強み」と「弱み」、「予想される問題点」と「解決策」は、「心(メンタル)・技(スキル)・体(健康)・生活」とバランスよく書き分けられていますか? □

5. ルーティン行動、期日行動は具体的に書き込まれていますか? □

6. 「目標達成のために支援してもらいたい人」には、自分の目標を宣言しましたか? また、お願いしたい支援内容を伝えていますか? □

ルーティンチェック表

1. 「1ヶ月目標」は書き込まれていますか? □

2. 「2週間後に手に入れたい成果」は、具体性があり、のちに成果が手に入ったかどうかの検証ができる表現になっていますか? □

3. 継続して行う「ルーティン行動」には「N」、新たな「ルーティン行動」には「F」が書き込まれていますか? □

第 **3** 章

自信を高めながら
目標達成を引き寄せる

毎日必ず日誌を書こう!

目標達成のエネルギーとなる自信(自己効力感と自己肯定感)を高めるための日誌は、あなたを成功に導く「原田メソッド」の肝です。

日誌とは1日を振り返り、自分の行動を評価して、気づきを言葉にするもの。毎日書くことで、目標達成の意識も持続できるので、成功者に必須のツールだとも言われます。原田メソッドの日誌も、日々の出来事をつれづれなるままに書く日記とはまったくの別物なのです。

原田メソッドの日誌は、その日の成果とともに、前日のうちに翌日の目標や行動予定も書き込むようになっています。翌日目覚めたときには、すでにその日の行動目標は決まっているのです。これも、目標達成に必要な「準備力」の一つです。このパターンの繰り返しで日々の仕事や生活の質が徐々に向上していくことを感じられるはずです。その積み重ねが「自分ならもっとできるはず」という自己効力感を育てて、驚くほど自分が変わります。

目標達成に向けて、まずは1週間を目標に、とにかく毎日書いてみましょう。

日誌を書くことの素晴らしい効果

- 書くことによって「気づき」を得る
- 文字にすることで記録と記憶に残る
- 毎日同じ形式で書き続けることで「定点観測」ができ、自分の変化や成長を実感できる
- できなかったことを改善することで、同じ失敗を繰り返さなくなる
- 小さな「できたこと」に意識が向くので自信の貯金ができる
- 翌日の行動目標も明確になるので仕事(勉強)や生活の質が高まる
- 前日から翌日に備える「準備力」が身につく

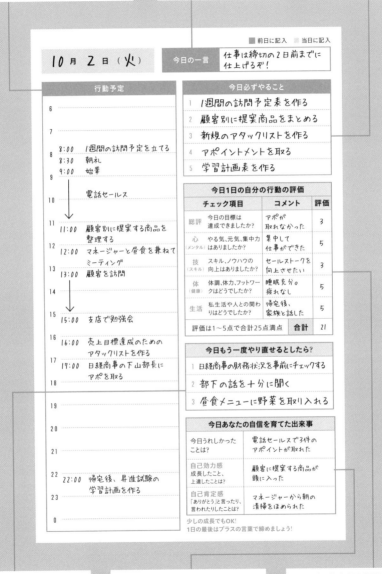

明日の行動は決まっていますか?
目標達成のカギは準備力です!

P.70-71のLET'S TRYも
参考にしながら
今日の決意表明を
書き込みましょう

「達成期日が
明日」の行動を
書きましょう

■ 前日に記入　■ 当日に記入

10 月 2 日 (火)

今日の一言
仕事は締切の2日前までに
仕上げるぞ!

行動予定

6

7

8　8:00　1週間の訪問予定を立てる
　　8:30　朝礼
9　9:00　始業

10　　　　電話セールス

11　11:00　顧客別に提案する商品を
　　　　　整理する
12　12:00　マネージャーと昼食を兼ねて
　　　　　ミーティング
13　13:00　顧客を訪問

14

15　15:00　支店で勉強会

16　16:00　売上目標達成のための
　　　　　アタックリストを作る
17　17:00　日経商事の下山部長に
　　　　　アポを取る
18

19

20

21

22　22:00　帰宅後、昇進試験の
　　　　　学習計画を作る
23

0

今日必ずやること

1　1週間の訪問予定表を作る
2　顧客別に提案商品をまとめる
3　新規のアタックリストを作る
4　アポイントメントを取る
5　学習計画表を作る

今日1日の自分の行動の評価

	チェック項目	コメント	評価
総評	今日の目標は達成できましたか?	アポが取れなかった	3
心 (メンタル)	やる気、元気、集中力はありましたか?	集中して仕事ができた	5
技 (スキル)	スキル、ノウハウの向上はありましたか?	セールストークを向上させたい	3
体 (健康)	体調、体力、フットワークはどうでしたか?	睡眠充分。疲れなし	5
生活	私生活や人との関わりはどうでしたか?	帰宅後、家族と話した	5
評価は1〜5点で合計25点満点		合計	21

今日もう一度やり直せるとしたら?

1　日経商事の財務状況を事前にチェックする
2　部下の話を十分に聞く
3　昼食メニューに野菜を取り入れる

今日あなたの自信を育てた出来事

今日うれしかったことは?	電話セールスで3件のアポイントが取れた
自己効力感 成長したこと、上達したことは?	顧客に提案する商品が頭に入った
自己肯定感 「ありがとう」と言ったり、言われたりしたことは?	マネージャーから朝の清掃をほめられた

少しの成長でもOK!
1日の最後はプラスの言葉で締めましょう!

失敗を繰り返さない
よう、前向きな視点で
振り返りを!

毎日プラスを積み重ねて、
自信(自己効力感と自己肯定感)の
貯金をしましょう

1日の行動を振り返り、
「心・技・体・生活」で
仕分けしましょう

月　　　日（　　）	今日の一言	

行動予定

6

7

8

9

10

11

12

13

14

15

16

17

18

19

20

21

22

23

0

今日必ずやること

1

2

3

4

5

今日1日の自分の行動の評価

チェック項目		コメント	評価
総評	今日の目標は達成できましたか?		
心 (メンタル)	やる気、元気、集中力はありましたか?		
技 (スキル)	スキル、ノウハウの向上はありましたか?		
体 (健康)	体調、体力、フットワークはどうでしたか?		
生活	私生活や人との関わりはどうでしたか?		
評価は1～5点で合計25点満点		合計	

今日もう一度やり直せるとしたら?

1

2

3

今日あなたの自信を育てた出来事

今日うれしかったことは?	
自己効力感 成長したこと、上達したことは?	
自己肯定感 「ありがとう」と言ったり、言われたりしたことは?	

少しの成長でもOK!
1日の最後はプラスの言葉で締めましょう!

　月　　日（　）　今日の一言

行動予定		今日必ずやること

行動予定
6
7
8
9
10
11
12
13
14
15
16
17
18
19
20
21
22
23
0

今日必ずやること

1
2
3
4
5

今日1日の自分の行動の評価

チェック項目		コメント	評価
総評	今日の目標は達成できましたか？		
心 （メンタル）	やる気、元気、集中力はありましたか？		
技 （スキル）	スキル、ノウハウの向上はありましたか？		
体 （健康）	体調、体力、フットワークはどうでしたか？		
生活	私生活や人との関わりはどうでしたか？		
評価は1〜5点で合計25点満点		合計	

今日もう一度やり直せるとしたら？

1
2
3

今日あなたの自信を育てた出来事

今日うれしかったことは？	
自己効力感 成長したこと、上達したことは？	
自己肯定感 「ありがとう」と言ったり、言われたりしたことは？	

少しの成長でもOK!
1日の最後はプラスの言葉で締めましょう!

月　　　日（　　）　　｜ 今日の一言 ｜

行動予定

6

7

8

9

10

11

12

13

14

15

16

17

18

19

20

21

22

23

0

今日必ずやること

1

2

3

4

5

今日1日の自分の行動の評価

チェック項目		コメント	評価
総評	今日の目標は達成できましたか？		
心（メンタル）	やる気、元気、集中力はありましたか？		
技（スキル）	スキル、ノウハウの向上はありましたか？		
体（健康）	体調、体力、フットワークはどうでしたか？		
生活	私生活や人との関わりはどうでしたか？		
評価は1〜5点で合計25点満点		合計	

今日もう一度やり直せるとしたら？

1

2

3

今日あなたの自信を育てた出来事

今日うれしかったことは？	
自己効力感成長したこと、上達したことは？	
自己肯定感「ありがとう」と言ったり、言われたりしたことは？	

少しの成長でもOK！
1日の最後はプラスの言葉で締めましょう！

月　　　日（　　）	今日の一言	

行動予定

6

7

8

9

10

11

12

13

14

15

16

17

18

19

20

21

22

23

0

今日必ずやること

1

2

3

4

5

今日1日の自分の行動の評価

チェック項目		コメント	評価
総評	今日の目標は達成できましたか？		
心 (メンタル)	やる気、元気、集中力はありましたか？		
技 (スキル)	スキル、ノウハウの向上はありましたか？		
体 (健康)	体調、体力、フットワークはどうでしたか？		
生活	私生活や人との関わりはどうでしたか？		
評価は1〜5点で合計25点満点		合計	

今日もう一度やり直せるとしたら？

1

2

3

今日あなたの自信を育てた出来事

今日うれしかったことは？	
自己効力感 成長したこと、上達したことは？	
自己肯定感 「ありがとう」と言ったり、言われたりしたことは？	

少しの成長でもOK！
1日の最後はプラスの言葉で締めましょう！

| 月　　日（　　） | 今日の一言 | |

行動予定

6
7
8
9
10
11
12
13
14
15
16
17
18
19
20
21
22
23
0

今日必ずやること

1
2
3
4
5

今日1日の自分の行動の評価

チェック項目		コメント	評価
総評	今日の目標は達成できましたか？		
心（メンタル）	やる気、元気、集中力はありましたか？		
技（スキル）	スキル、ノウハウの向上はありましたか？		
体（健康）	体調、体力、フットワークはどうでしたか？		
生活	私生活や人との関わりはどうでしたか？		
評価は1〜5点で合計25点満点		合計	

今日もう一度やり直せるとしたら？

1
2
3

今日あなたの自信を育てた出来事

今日うれしかったことは？	
自己効力感 成長したこと、上達したことは？	
自己肯定感「ありがとう」と言ったり、言われたりしたことは？	

少しの成長でもOK！
1日の最後はプラスの言葉で締めましょう！

月　　日（　　）	今日の一言	

行動予定

6	
7	
8	
9	
10	
11	
12	
13	
14	
15	
16	
17	
18	
19	
20	
21	
22	
23	
0	

今日必ずやること

1
2
3
4
5

今日1日の自分の行動の評価

チェック項目		コメント	評価
総評	今日の目標は達成できましたか?		
心（メンタル）	やる気、元気、集中力はありましたか?		
技（スキル）	スキル、ノウハウの向上はありましたか?		
体（健康）	体調、体力、フットワークはどうでしたか?		
生活	私生活や人との関わりはどうでしたか?		
評価は1〜5点で合計25点満点		合計	

今日もう一度やり直せるとしたら?

1
2
3

今日あなたの自信を育てた出来事

今日うれしかったことは?	
自己効力感 成長したこと、上達したことは?	
自己肯定感 「ありがとう」と言ったり、言われたりしたことは?	

少しの成長でもOK!
1日の最後はプラスの言葉で締めましょう!

月　　日（　）	今日の一言	

行動予定
6
7
8
9
10
11
12
13
14
15
16
17
18
19
20
21
22
23
0

今日必ずやること

1
2
3
4
5

今日1日の自分の行動の評価

チェック項目		コメント	評価
総評	今日の目標は達成できましたか？		
心 (メンタル)	やる気、元気、集中力はありましたか？		
技 (スキル)	スキル、ノウハウの向上はありましたか？		
体 (健康)	体調、体力、フットワークはどうでしたか？		
生活	私生活や人との関わりはどうでしたか？		
評価は1〜5点で合計25点満点		合計	

今日もう一度やり直せるとしたら？

1
2
3

今日あなたの自信を育てた出来事

今日うれしかったことは？	
自己効力感 成長したこと、上達したことは？	
自己肯定感 「ありがとう」と言ったり、言われたりしたことは？	

少しの成長でもOK！
1日の最後はプラスの言葉で締めましょう！

	月　　　日（　　）	今日の一言	

行動予定

6 ....
7 ....
8 ....
9 ....
10 ....
11 ....
12 ....
13 ....
14 ....
15 ....
16 ....
17 ....
18 ....
19 ....
20 ....
21 ....
22 ....
23 ....
0 ....

今日必ずやること

1
2
3
4
5

今日1日の自分の行動の評価

チェック項目		コメント	評価
総評	今日の目標は達成できましたか？		
心（メンタル）	やる気、元気、集中力はありましたか？		
技（スキル）	スキル、ノウハウの向上はありましたか？		
体（健康）	体調、体力、フットワークはどうでしたか？		
生活	私生活や人との関わりはどうでしたか？		
評価は1〜5点で合計25点満点		合計	

今日もう一度やり直せるとしたら？

1
2
3

今日あなたの自信を育てた出来事

今日うれしかったことは？	
自己効力感 成長したこと、上達したことは？	
自己肯定感 「ありがとう」と言ったり、言われたりしたことは？	

少しの成長でもOK！
1日の最後はプラスの言葉で締めましょう！

月　　　日　（　　　）	今日の一言	

行動予定

6

7

8

9

10

11

12

13

14

15

16

17

18

19

20

21

22

23

0

今日必ずやること

1

2

3

4

5

今日1日の自分の行動の評価

チェック項目		コメント	評価
総評	今日の目標は達成できましたか?		
心（メンタル）	やる気、元気、集中力はありましたか?		
技（スキル）	スキル、ノウハウの向上はありましたか?		
体（健康）	体調、体力、フットワークはどうでしたか?		
生活	私生活や人との関わりはどうでしたか?		
評価は1〜5点で合計25点満点		合計	

今日もう一度やり直せるとしたら?

1

2

3

今日あなたの自信を育てた出来事

今日うれしかったことは?	
自己効力感 成長したこと、上達したことは?	
自己肯定感 「ありがとう」と言ったり、言われたりしたことは?	

少しの成長でもOK!
1日の最後はプラスの言葉で締めましょう!

月　　日（　　）	今日の一言	

行動予定

6 ....
7 ....
8 ....
9 ....
10 ....
11 ....
12 ....
13 ....
14 ....
15 ....
16 ....
17 ....
18 ....
19 ....
20 ....
21 ....
22 ....
23 ....
0 ....

今日必ずやること

1
2
3
4
5

今日1日の自分の行動の評価

チェック項目		コメント	評価
総評	今日の目標は達成できましたか？		
心（メンタル）	やる気、元気、集中力はありましたか？		
技（スキル）	スキル、ノウハウの向上はありましたか？		
体（健康）	体調、体力、フットワークはどうでしたか？		
生活	私生活や人との関わりはどうでしたか？		
評価は1〜5点で合計25点満点		合計	

今日もう一度やり直せるとしたら？

1
2
3

今日あなたの自信を育てた出来事

今日うれしかったことは？	
自己効力感　成長したこと、上達したことは？	
自己肯定感　「ありがとう」と言ったり、言われたりしたことは？	

少しの成長でもOK！
1日の最後はプラスの言葉で締めましょう！

月　　日（　　）	今日の一言	

行動予定	今日必ずやること

行動予定

6
7
8
9
10
11
12
13
14
15
16
17
18
19
20
21
22
23
0

今日必ずやること

1
2
3
4
5

今日1日の自分の行動の評価

チェック項目		コメント	評価
総評	今日の目標は達成できましたか?		
心 (メンタル)	やる気、元気、集中力はありましたか?		
技 (スキル)	スキル、ノウハウの向上はありましたか?		
体 (健康)	体調、体力、フットワークはどうでしたか?		
生活	私生活や人との関わりはどうでしたか?		
評価は1〜5点で合計25点満点		**合計**	

今日もう一度やり直せるとしたら?

1
2
3

今日あなたの自信を育てた出来事

今日うれしかったことは?	
自己効力感 成長したこと、上達したことは?	
自己肯定感 「ありがとう」と言ったり、言われたりしたことは?	

少しの成長でもOK!
1日の最後はプラスの言葉で締めましょう!

■ 前日に記入　■ 当日に記入

月　　日（　　）	今日の一言

行動予定

6
7
8
9
10
11
12
13
14
15
16
17
18
19
20
21
22
23
0

今日必ずやること

1
2
3
4
5

今日1日の自分の行動の評価

チェック項目		コメント	評価
総評	今日の目標は達成できましたか？		
心（メンタル）	やる気、元気、集中力はありましたか？		
技（スキル）	スキル、ノウハウの向上はありましたか？		
体（健康）	体調、体力、フットワークはどうでしたか？		
生活	私生活や人との関わりはどうでしたか？		
評価は1〜5点で合計25点満点		合計	

今日もう一度やり直せるとしたら？

1
2
3

今日あなたの自信を育てた出来事

今日うれしかったことは？	
自己効力感成長したこと、上達したことは？	
自己肯定感「ありがとう」と言ったり、言われたりしたことは？	

少しの成長でもOK！
1日の最後はプラスの言葉で締めましょう！

| 月　　日（　　） | 今日の一言 | |

行動予定

6
7
8
9
10
11
12
13
14
15
16
17
18
19
20
21
22
23
0

今日必ずやること

1
2
3
4
5

今日1日の自分の行動の評価

チェック項目		コメント	評価
総評	今日の目標は達成できましたか?		
心（メンタル）	やる気、元気、集中力はありましたか?		
技（スキル）	スキル、ノウハウの向上はありましたか?		
体（健康）	体調、体力、フットワークはどうでしたか?		
生活	私生活や人との関わりはどうでしたか?		
評価は1〜5点で合計25点満点		合計	

今日もう一度やり直せるとしたら?

1
2
3

今日あなたの自信を育てた出来事

今日うれしかったことは?	
自己効力感 成長したこと、上達したことは?	
自己肯定感 「ありがとう」と言ったり、言われたりしたことは?	

少しの成長でもOK!
1日の最後はプラスの言葉で締めましょう!

月　　日（　　）	今日の一言	

行動予定

6
7
8
9
10
11
12
13
14
15
16
17
18
19
20
21
22
23
0

今日必ずやること

1
2
3
4
5

今日1日の自分の行動の評価

チェック項目		コメント	評価
総評	今日の目標は達成できましたか？		
心（メンタル）	やる気、元気、集中力はありましたか？		
技（スキル）	スキル、ノウハウの向上はありましたか？		
体（健康）	体調、体力、フットワークはどうでしたか？		
生活	私生活や人との関わりはどうでしたか？		
評価は1〜5点で合計25点満点		合計	

今日もう一度やり直せるとしたら？

1
2
3

今日あなたの自信を育てた出来事

今日うれしかったことは？	
自己効力感 成長したこと、上達したことは？	
自己肯定感 「ありがとう」と言ったり、言われたりしたことは？	

少しの成長でもOK！
1日の最後はプラスの言葉で締めましょう！

月　　日（　）　| 今日の一言

行動予定

6
7
8
9
10
11
12
13
14
15
16
17
18
19
20
21
22
23
0

今日必ずやること

| 1 |
| 2 |
| 3 |
| 4 |
| 5 |

今日1日の自分の行動の評価

チェック項目		コメント	評価
総評	今日の目標は達成できましたか？		
心（メンタル）	やる気、元気、集中力はありましたか？		
技（スキル）	スキル、ノウハウの向上はありましたか？		
体（健康）	体調、体力、フットワークはどうでしたか？		
生活	私生活や人との関わりはどうでしたか？		
評価は1〜5点で合計25点満点		合計	

今日もう一度やり直せるとしたら？

| 1 |
| 2 |
| 3 |

今日あなたの自信を育てた出来事

今日うれしかったことは？	
自己効力感 成長したこと、上達したことは？	
自己肯定感 「ありがとう」と言ったり、言われたりしたことは？	

少しの成長でもOK！
1日の最後はプラスの言葉で締めましょう！

月　　日（　　）	今日の一言	

行動予定

6

7

8

9

10

11

12

13

14

15

16

17

18

19

20

21

22

23

0

今日必ずやること

1

2

3

4

5

今日1日の自分の行動の評価

チェック項目		コメント	評価
総評	今日の目標は達成できましたか？		
心 (メンタル)	やる気、元気、集中力はありましたか？		
技 (スキル)	スキル、ノウハウの向上はありましたか？		
体 (健康)	体調、体力、フットワークはどうでしたか？		
生活	私生活や人との関わりはどうでしたか？		
評価は1〜5点で合計25点満点		合計	

今日もう一度やり直せるとしたら？

1

2

3

今日あなたの自信を育てた出来事

今日うれしかったことは？	
自己効力感 成長したこと、上達したことは？	
自己肯定感 「ありがとう」と言ったり、言われたりしたことは？	

少しの成長でもOK!
1日の最後はプラスの言葉で締めましょう!

月　　日（　　）	今日の一言	

行動予定

6
7
8
9
10
11
12
13
14
15
16
17
18
19
20
21
22
23
0

今日必ずやること

1
2
3
4
5

今日1日の自分の行動の評価

チェック項目		コメント	評価
総評	今日の目標は達成できましたか？		
心（メンタル）	やる気、元気、集中力はありましたか？		
技（スキル）	スキル、ノウハウの向上はありましたか？		
体（健康）	体調、体力、フットワークはどうでしたか？		
生活	私生活や人との関わりはどうでしたか？		
評価は1〜5点で合計25点満点		合計	

今日もう一度やり直せるとしたら？

1
2
3

今日あなたの自信を育てた出来事

今日うれしかったことは？	
自己効力感 成長したこと、上達したことは？	
自己肯定感 「ありがとう」と言ったり、言われたりしたことは？	

少しの成長でもOK!
1日の最後はプラスの言葉で締めましょう!

月　　日　（　　）	今日の一言	

行動予定

6 .....
7 .....
8 .....
9 .....
10 .....
11 .....
12 .....
13 .....
14 .....
15 .....
16 .....
17 .....
18 .....
19 .....
20 .....
21 .....
22 .....
23 .....
0 .....

今日必ずやること

1
2
3
4
5

今日1日の自分の行動の評価

チェック項目		コメント	評価
総評	今日の目標は達成できましたか?		
心 (メンタル)	やる気、元気、集中力はありましたか?		
技 (スキル)	スキル、ノウハウの向上はありましたか?		
体 (健康)	体調、体力、フットワークはどうでしたか?		
生活	私生活や人との関わりはどうでしたか?		
評価は1〜5点で合計25点満点		合計	

今日もう一度やり直せるとしたら?

1
2
3

今日あなたの自信を育てた出来事

今日うれしかったことは?	
自己効力感 成長したこと、上達したことは?	
自己肯定感 「ありがとう」と言ったり、言われたりしたことは?	

少しの成長でもOK!
1日の最後はプラスの言葉で締めましょう!

月　　　日（　　）	今日の一言	

行動予定

6	......
7	......
8	......
9	......
10	......
11	......
12	......
13	......
14	......
15	......
16	......
17	......
18	......
19	......
20	......
21	......
22	......
23	......
0	......

今日必ずやること

1	
2	
3	
4	
5	

今日1日の自分の行動の評価

チェック項目		コメント	評価
総評	今日の目標は達成できましたか？		
心（メンタル）	やる気、元気、集中力はありましたか？		
技（スキル）	スキル、ノウハウの向上はありましたか？		
体（健康）	体調、体力、フットワークはどうでしたか？		
生活	私生活や人との関わりはどうでしたか？		
評価は1〜5点で合計25点満点		合計	

今日もう一度やり直せるとしたら？

1	
2	
3	

今日あなたの自信を育てた出来事

今日うれしかったことは？	
自己効力感成長したこと、上達したことは？	
自己肯定感「ありがとう」と言ったり、言われたりしたことは？	

少しの成長でもOK！
1日の最後はプラスの言葉で締めましょう！

月　　日（　）	今日の一言	

行動予定

6
7
8
9
10
11
12
13
14
15
16
17
18
19
20
21
22
23
0

今日必ずやること

1
2
3
4
5

今日1日の自分の行動の評価

チェック項目		コメント	評価
総評	今日の目標は達成できましたか？		
心（メンタル）	やる気、元気、集中力はありましたか？		
技（スキル）	スキル、ノウハウの向上はありましたか？		
体（健康）	体調、体力、フットワークはどうでしたか？		
生活	私生活や人との関わりはどうでしたか？		
評価は1〜5点で合計25点満点		合計	

今日もう一度やり直せるとしたら？

1
2
3

今日あなたの自信を育てた出来事

今日うれしかったことは？	
自己効力感 成長したこと、上達したことは？	
自己肯定感 「ありがとう」と言ったり、言われたりしたことは？	

少しの成長でもOK！
1日の最後はプラスの言葉で締めましょう！

月　　日（　　）	今日の一言	

行動予定

6
7
8
9
10
11
12
13
14
15
16
17
18
19
20
21
22
23
0

今日必ずやること

1
2
3
4
5

今日1日の自分の行動の評価

チェック項目		コメント	評価
総評	今日の目標は達成できましたか？		
心（メンタル）	やる気、元気、集中力はありましたか？		
技（スキル）	スキル、ノウハウの向上はありましたか？		
体（健康）	体調、体力、フットワークはどうでしたか？		
生活	私生活や人との関わりはどうでしたか？		
評価は1〜5点で合計25点満点		合計	

今日もう一度やり直せるとしたら？

1
2
3

今日あなたの自信を育てた出来事

今日うれしかったことは？	
自己効力感 成長したこと、上達したことは？	
自己肯定感 「ありがとう」と言ったり、言われたりしたことは？	

少しの成長でもOK！
1日の最後はプラスの言葉で締めましょう！

110

月　　日（　　）	今日の一言	

行動予定

6 ....
7 ....
8 ....
9 ....
10 ....
11 ....
12 ....
13 ....
14 ....
15 ....
16 ....
17 ....
18 ....
19 ....
20 ....
21 ....
22 ....
23 ....
0 ....

今日必ずやること

1
2
3
4
5

今日1日の自分の行動の評価

チェック項目		コメント	評価
総評	今日の目標は達成できましたか？		
心（メンタル）	やる気、元気、集中力はありましたか？		
技（スキル）	スキル、ノウハウの向上はありましたか？		
体（健康）	体調、体力、フットワークはどうでしたか？		
生活	私生活や人との関わりはどうでしたか？		
評価は1〜5点で合計25点満点		合計	

今日もう一度やり直せるとしたら？

1
2
3

今日あなたの自信を育てた出来事

今日うれしかったことは？	
自己効力感 成長したこと、上達したことは？	
自己肯定感 「ありがとう」と言ったり、言われたりしたことは？	

少しの成長でもOK！
1日の最後はプラスの言葉で締めましょう！

| 月　　日（　　） | 今日の一言 | |

行動予定

6

7

8

9

10

11

12

13

14

15

16

17

18

19

20

21

22

23

0

今日必ずやること

1

2

3

4

5

今日1日の自分の行動の評価

チェック項目		コメント	評価
総評	今日の目標は達成できましたか?		
心 (メンタル)	やる気、元気、集中力はありましたか?		
技 (スキル)	スキル、ノウハウの向上はありましたか?		
体 (健康)	体調、体力、フットワークはどうでしたか?		
生活	私生活や人との関わりはどうでしたか?		
評価は1～5点で合計25点満点		合計	

今日もう一度やり直せるとしたら?

1

2

3

今日あなたの自信を育てた出来事

今日うれしかったことは?	
自己効力感 成長したこと、上達したことは?	
自己肯定感 「ありがとう」と言ったり、言われたりしたことは?	

少しの成長でもOK!
1日の最後はプラスの言葉で締めましょう!

月　　　日　（　　）	今日の一言	

行動予定

6 ......

7 ......

8 ......

9 ......

10 ......

11 ......

12 ......

13 ......

14 ......

15 ......

16 ......

17 ......

18 ......

19 ......

20 ......

21 ......

22 ......

23 ......

0 ......

今日必ずやること

1
2
3
4
5

今日1日の自分の行動の評価

チェック項目		コメント	評価
総評	今日の目標は達成できましたか？		
心（メンタル）	やる気、元気、集中力はありましたか？		
技（スキル）	スキル、ノウハウの向上はありましたか？		
体（健康）	体調、体力、フットワークはどうでしたか？		
生活	私生活や人との関わりはどうでしたか？		
評価は1〜5点で合計25点満点		合計	

今日もう一度やり直せるとしたら？

1
2
3

今日あなたの自信を育てた出来事

今日うれしかったことは？	
自己効力感成長したこと、上達したことは？	
自己肯定感「ありがとう」と言ったり、言われたりしたことは？	

少しの成長でもOK!
1日の最後はプラスの言葉で締めましょう!

月　　　　日　（　　）	今日の一言

行動予定

6

7

8

9

10

11

12

13

14

15

16

17

18

19

20

21

22

23

0

今日必ずやること

1

2

3

4

5

今日1日の自分の行動の評価			
チェック項目		コメント	評価
総評	今日の目標は達成できましたか？		
心 (メンタル)	やる気、元気、集中力はありましたか？		
技 (スキル)	スキル、ノウハウの向上はありましたか？		
体 (健康)	体調、体力、フットワークはどうでしたか？		
生活	私生活や人との関わりはどうでしたか？		
評価は1〜5点で合計25点満点		合計	

今日もう一度やり直せるとしたら？

1

2

3

今日あなたの自信を育てた出来事

今日うれしかったことは？	
自己効力感成長したこと、上達したことは？	
自己肯定感「ありがとう」と言ったり、言われたりしたことは？	

少しの成長でもOK!
1日の最後はプラスの言葉で締めましょう!

114

月　　日　（　　）	今日の一言	

行動予定

6

7

8

9

10

11

12

13

14

15

16

17

18

19

20

21

22

23

0

今日必ずやること

1

2

3

4

5

今日1日の自分の行動の評価

チェック項目		コメント	評価
総評	今日の目標は達成できましたか？		
心（メンタル）	やる気、元気、集中力はありましたか？		
技（スキル）	スキル、ノウハウの向上はありましたか？		
体（健康）	体調、体力、フットワークはどうでしたか？		
生活	私生活や人との関わりはどうでしたか？		
評価は1〜5点で合計25点満点		合計	

今日もう一度やり直せるとしたら？

1

2

3

今日あなたの自信を育てた出来事

今日うれしかったことは？	
自己効力感成長したこと、上達したことは？	
自己肯定感「ありがとう」と言ったり、言われたりしたことは？	

少しの成長でもOK！
1日の最後はプラスの言葉で締めましょう！

月　　　日（　　）	今日の一言	

行動予定

6
7
8
9
10
11
12
13
14
15
16
17
18
19
20
21
22
23
0

今日必ずやること

1
2
3
4
5

今日1日の自分の行動の評価

チェック項目		コメント	評価
総評	今日の目標は達成できましたか？		
心（メンタル）	やる気、元気、集中力はありましたか？		
技（スキル）	スキル、ノウハウの向上はありましたか？		
体（健康）	体調、体力、フットワークはどうでしたか？		
生活	私生活や人との関わりはどうでしたか？		
評価は1〜5点で合計25点満点		合計	

今日もう一度やり直せるとしたら？

1
2
3

今日あなたの自信を育てた出来事

今日うれしかったことは？	
自己効力感 成長したこと、上達したことは？	
自己肯定感 「ありがとう」と言ったり、言われたりしたことは？	

少しの成長でもOK！
1日の最後はプラスの言葉で締めましょう！

月　　　日（　　）	今日の一言	

行動予定

6	
7	
8	
9	
10	
11	
12	
13	
14	
15	
16	
17	
18	
19	
20	
21	
22	
23	
0	

今日必ずやること

1
2
3
4
5

今日1日の自分の行動の評価

チェック項目		コメント	評価
総評	今日の目標は達成できましたか？		
心（メンタル）	やる気、元気、集中力はありましたか？		
技（スキル）	スキル、ノウハウの向上はありましたか？		
体（健康）	体調、体力、フットワークはどうでしたか？		
生活	私生活や人との関わりはどうでしたか？		
評価は1〜5点で合計25点満点		合計	

今日もう一度やり直せるとしたら？

1
2
3

今日あなたの自信を育てた出来事

今日うれしかったことは？	
自己効力感 成長したこと、上達したことは？	
自己肯定感 「ありがとう」と言ったり、言われたりしたことは？	

少しの成長でもOK！
1日の最後はプラスの言葉で締めましょう！

月　　日（　　）	今日の一言	

行動予定

6

7

8

9

10

11

12

13

14

15

16

17

18

19

20

21

22

23

0

今日必ずやること

1

2

3

4

5

今日1日の自分の行動の評価

チェック項目		コメント	評価
総評	今日の目標は達成できましたか？		
心（メンタル）	やる気、元気、集中力はありましたか？		
技（スキル）	スキル、ノウハウの向上はありましたか？		
体（健康）	体調、体力、フットワークはどうでしたか？		
生活	私生活や人との関わりはどうでしたか？		
評価は1〜5点で合計25点満点		合計	

今日もう一度やり直せるとしたら?

1

2

3

今日あなたの自信を育てた出来事

今日うれしかったことは?	
自己効力感 成長したこと、上達したことは?	
自己肯定感 「ありがとう」と言ったり、言われたりしたことは?	

少しの成長でもOK!
1日の最後はプラスの言葉で締めましょう!

月　　日　（　　）	今日の一言	

行動予定

6

7

8

9

10

11

12

13

14

15

16

17

18

19

20

21

22

23

0

今日必ずやること

1

2

3

4

5

今日1日の自分の行動の評価

チェック項目		コメント	評価
総評	今日の目標は達成できましたか？		
心(メンタル)	やる気、元気、集中力はありましたか？		
技(スキル)	スキル、ノウハウの向上はありましたか？		
体(健康)	体調、体力、フットワークはどうでしたか？		
生活	私生活や人との関わりはどうでしたか？		
評価は1〜5点で合計25点満点		合計	

今日もう一度やり直せるとしたら？

1

2

3

今日あなたの自信を育てた出来事

今日うれしかったことは？	
自己効力感 成長したこと、上達したことは？	
自己肯定感「ありがとう」と言ったり、言われたりしたことは？	

少しの成長でもOK!
1日の最後はプラスの言葉で締めましょう!

月　　　日（　　）	今日の一言	

行動予定

- 6
- 7
- 8
- 9
- 10
- 11
- 12
- 13
- 14
- 15
- 16
- 17
- 18
- 19
- 20
- 21
- 22
- 23
- 0

今日必ずやること

1
2
3
4
5

今日1日の自分の行動の評価

チェック項目		コメント	評価
総評	今日の目標は達成できましたか？		
心（メンタル）	やる気、元気、集中力はありましたか？		
技（スキル）	スキル、ノウハウの向上はありましたか？		
体（健康）	体調、体力、フットワークはどうでしたか？		
生活	私生活や人との関わりはどうでしたか？		
評価は1〜5点で合計25点満点		合計	

今日もう一度やり直せるとしたら？

1
2
3

今日あなたの自信を育てた出来事

今日うれしかったことは？	
自己効力感成長したこと、上達したことは？	
自己肯定感「ありがとう」と言ったり、言われたりしたことは？	

少しの成長でもOK！
1日の最後はプラスの言葉で締めましょう！

1ヶ月の振り返り

　この1ヶ月を振り返り、自信（自己効力感と自己肯定感）が高まったと思う出来事や、そのときの感情（うれしかった、感動した、ワクワクした、など）を書き出しましょう。

　目標達成に向けて、この1ヶ月間に出会った印象的なフレーズを書き留めたり、勇気をもらった写真、気になった新聞や雑誌の記事を貼っておくのもいいアイデアです。

第 **4** 章

チャレンジを
続けて成長する

NEXT GOAL

次の目標に挑戦しよう!

さて、「1ヶ月目標」は達成されたでしょうか?
達成できたみなさん、おめでとうございます!

思ったような成果があげられなかったという人も、落ち込む必要は全くありません。

なぜなら、一見失敗だったと思えるようなことの中にも、必ず「達成できた何か」があるはずだからです。もう一度日誌を読み返し、プロセスの中にある「達成」に目を向けてみてください。あなたはいくつもの「達成」を手にしているはずです。だからどうか、この1ヶ月の自分の頑張りを讃えてください。

設定した通りの目標が達成できた人も、うまくいかなかった人も、目標達成力はまだまだ磨くことができます。

さあ、さっそく次に挑む新たな「1ヶ月目標」を設定して、次の一歩をすぐに踏み出してください。

最初の「1ヶ月目標」に再チャレンジしたり、少しレベルアップするのもよいですし、まったく別の目標を設定していただいてもかまいません。

最初の「1ヶ月目標」に再チャレンジする場合や少しレベルアップする場合は、P.60-61で作成した「オープンウィンドウ64」をまずは必要に応じて微調整してみましょう。そして、前回の「1ヶ月目標設定用紙」、またP.90-120の日誌やP.121の「1ヶ月の振り返り」も参考にしながら、P.126-127の「1ヶ月目標設定用紙（2ヶ月目）」を作成してください。

特に、前回の「1ヶ月目標」に再チャレンジする場合は、日誌の「今日をも

う一度やり直せるとしたら?」の項目の見直しは、行動目標を決めるうえで大き
なヒントになります。もちろん、ルーティンチェック表も1ヶ月目と同様に作成し
ますが、1ヶ月目の後半に自動化できなかった項目+新たなルーティン行動で、
改めて10個書き込みます。

　まったく別の「1ヶ月目標」を設定する場合は、新たな「オープンウィンドウ
64」を作成しましょう(そのためのフォーマットをP.128-129に改めて用意しています)。
　また、前回とはまったくジャンルの違う目標に向かう場合も、「1ヶ月目標設
定用紙(2ヶ月目)」に書き込む際は、P.90-120の日誌やP.121の1ヶ月の振り返
りをぜひ見直してください。日誌の中には、目標達成のためのヒントになる、あ
なたの強み(○の習慣)や弱み(×の習慣)がたくさん隠されているからです。
「1ヶ月目標設定用紙」が完成したら、前回と同様にルーティンチェック表(前
半)も作成しましょう。

　そして、日誌を毎日書くのは1ヶ月目と同じです。

　さあ、気持ちも新たにさっそく始めましょう!

1ヶ月目標設定用紙 （2ヶ月目）

記入日 （やると決めた日）		目標達成日	
奉仕活動	（職場/学校）私は		
	（家庭）私は		
1ヶ月目標			

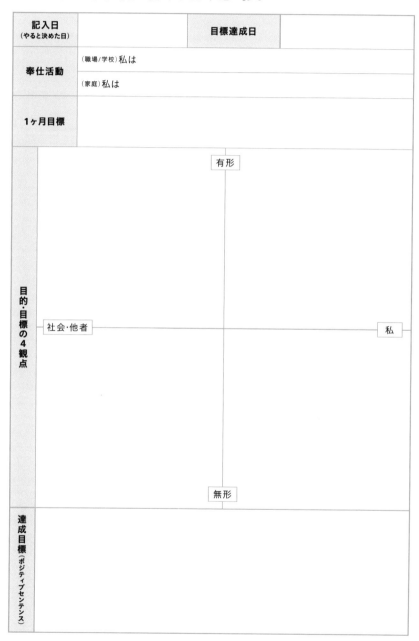

	有形
目的・目標の4観点	社会・他者 ──────── 私
	無形

達成目標 （ポジティブセンテンス）	

	自分の強み（○の習慣）	自分の弱み（×の習慣）
心（メンタル）		
技（スキル）		
体（健康）		
生活		
	目標達成までに予想される問題点	解決策
心（メンタル）		
技（スキル）		
体（健康）		
生活		

ルーティン行動 ※重要度が高い順に並べる	期日行動 ※発生期日順に並べる	
私は	月　日まで	
私は	月　日まで	
私は	月　日まで	
私は	月　日まで	
私は	月　日まで	
私は	月　日まで	
私は	月　日まで	
私は	月　日まで	
私は	月　日まで	
私は	月　日まで	

目標達成のための支援者とその内容			
何を　①	②	③	④
誰から　①	②	③	④

	要素8			要素1
			要素8	要素1
	要素7		要素7	1ヶ月目標
			要素6	要素5
	要素6			要素5

		要素2	
要素2			
要素3		要素3	
要素4			
		要素4	

ルーティンチェック表 (前半)

1ヶ月目標	

	チェック項目	N (NOW) / F (FUTURE)	2週間後に手に入れたい成果
奉仕活動	職場 (学校)		
	家庭		
ルーティン行動 (重要度が高い順に並べましょう)	1		
	2		
	3		
	4		
	5		
	6		
	7		
	8		
	9		
	10		

		月　日　～　　月　日							ルーティン達成目標　%			結果			%

1	2	3	4	5	6	7	8	9	10	11	12	13	14	小計
/	/	/	/	/	/	/	/	/	/	/	/	/	/	
														合計

自動化されたルーティン行動

131

ルーティンチェック表 (後半)

1ヶ月目標	

	チェック項目	N (NOW) / F (FUTURE)	2週間後に手に入れたい成果
奉仕活動	職場 (学校)		
	家庭		
ルーティン行動（重要度が高い順に並べましょう）	1		
	2		
	3		
	4		
	5		
	6		
	7		
	8		
	9		
	10		

月　日　～　月　日	ルーティン達成目標　%	結果　%

15	16	17	18	19	20	21	22	23	24	25	26	27	28	29	30	31	小計
/	/	/	/	/	/	/	/	/	/	/	/	/	/	/	/	/	
																	合計

自動化されたルーティン行動

月　　日（　　）	今日の一言	

行動予定

6

7

8

9

10

11

12

13

14

15

16

17

18

19

20

21

22

23

0

今日必ずやること

1

2

3

4

5

今日1日の自分の行動の評価

チェック項目		コメント	評価
総評	今日の目標は達成できましたか？		
心（メンタル）	やる気、元気、集中力はありましたか？		
技（スキル）	スキル、ノウハウの向上はありましたか？		
体（健康）	体調、体力、フットワークはどうでしたか？		
生活	私生活や人との関わりはどうでしたか？		
評価は1〜5点で合計25点満点		合計	

今日もう一度やり直せるとしたら？

1

2

3

今日あなたの自信を育てた出来事

今日うれしかったことは？	
自己効力感成長したこと、上達したことは？	
自己肯定感「ありがとう」と言ったり、言われたりしたことは？	

少しの成長でもOK！
1日の最後はプラスの言葉で締めましょう！

月　　日　（　）	今日の一言	

行動予定

6

7

8

9

10

11

12

13

14

15

16

17

18

19

20

21

22

23

0

今日必ずやること

1

2

3

4

5

今日1日の自分の行動の評価

	チェック項目	コメント	評価
総評	今日の目標は達成できましたか？		
心(メンタル)	やる気、元気、集中力はありましたか？		
技(スキル)	スキル、ノウハウの向上はありましたか？		
体(健康)	体調、体力、フットワークはどうでしたか？		
生活	私生活や人との関わりはどうでしたか？		
評価は1〜5点で合計25点満点		合計	

今日もう一度やり直せるとしたら？

1

2

3

今日あなたの自信を育てた出来事

今日うれしかったことは？	
自己効力感 成長したこと、上達したことは？	
自己肯定感 「ありがとう」と言ったり、言われたりしたことは？	

少しの成長でもOK！
1日の最後はプラスの言葉で締めましょう！

月　　日（　　）	今日の一言	

行動予定

6
7
8
9
10
11
12
13
14
15
16
17
18
19
20
21
22
23
0

今日必ずやること

1
2
3
4
5

今日1日の自分の行動の評価

チェック項目		コメント	評価
総評	今日の目標は達成できましたか？		
心（メンタル）	やる気、元気、集中力はありましたか？		
技（スキル）	スキル、ノウハウの向上はありましたか？		
体（健康）	体調、体力、フットワークはどうでしたか？		
生活	私生活や人との関わりはどうでしたか？		
評価は1〜5点で合計25点満点		合計	

今日もう一度やり直せるとしたら？

1
2
3

今日あなたの自信を育てた出来事

今日うれしかったことは？	
自己効力感 成長したこと、上達したことは？	
自己肯定感 「ありがとう」と言ったり、言われたりしたことは？	

少しの成長でもOK!
1日の最後はプラスの言葉で締めましょう!

月　　日（　）	今日の一言	

行動予定

6
7
8
9
10
11
12
13
14
15
16
17
18
19
20
21
22
23
0

今日必ずやること

1
2
3
4
5

今日1日の自分の行動の評価

チェック項目		コメント	評価
総評	今日の目標は達成できましたか？		
心（メンタル）	やる気、元気、集中力はありましたか？		
技（スキル）	スキル、ノウハウの向上はありましたか？		
体（健康）	体調、体力、フットワークはどうでしたか？		
生活	私生活や人との関わりはどうでしたか？		
評価は1〜5点で合計25点満点		合計	

今日もう一度やり直せるとしたら？

1
2
3

今日あなたの自信を育てた出来事

今日うれしかったことは？	
自己効力感 成長したこと、上達したことは？	
自己肯定感 「ありがとう」と言ったり、言われたりしたことは？	

少しの成長でもOK!
1日の最後はプラスの言葉で締めましょう!

月　　日（　　）	今日の一言	

行動予定	今日必ずやること
6	1
7	2
8	3
9	4
10	5

今日1日の自分の行動の評価

チェック項目		コメント	評価
総評	今日の目標は達成できましたか？		
心（メンタル）	やる気、元気、集中力はありましたか？		
技（スキル）	スキル、ノウハウの向上はありましたか？		
体（健康）	体調、体力、フットワークはどうでしたか？		
生活	私生活や人との関わりはどうでしたか？		
評価は1〜5点で合計25点満点		合計	

今日もう一度やり直せるとしたら？

1

2

3

今日あなたの自信を育てた出来事

今日うれしかったことは？	
自己効力感成長したこと、上達したことは？	
自己肯定感「ありがとう」と言ったり、言われたりしたことは？	

少しの成長でもOK！
1日の最後はプラスの言葉で締めましょう！

月　　日　（　　）	今日の一言	

行動予定

6
7
8
9
10
11
12
13
14
15
16
17
18
19
20
21
22
23
0

今日必ずやること

1
2
3
4
5

今日1日の自分の行動の評価		
チェック項目	**コメント**	**評価**
総評　今日の目標は達成できましたか?		
心（メンタル）　やる気、元気、集中力はありましたか?		
技（スキル）　スキル、ノウハウの向上はありましたか?		
体（健康）　体調、体力、フットワークはどうでしたか?		
生活　私生活や人との関わりはどうでしたか?		
評価は1〜5点で合計25点満点	**合計**	

今日もう一度やり直せるとしたら?
1
2
3

今日あなたの自信を育てた出来事	
今日うれしかったことは?	
自己効力感　成長したこと、上達したことは?	
自己肯定感　「ありがとう」と言ったり、言われたりしたことは?	

少しの成長でもOK!
1日の最後はプラスの言葉で締めましょう!

月　　日（　）	今日の一言	

行動予定

6 ....
7 ....
8 ....
9 ....
10 ....
11 ....
12 ....
13 ....
14 ....
15 ....
16 ....
17 ....
18 ....
19 ....
20 ....
21 ....
22 ....
23 ....
0 ....

今日必ずやること

1
2
3
4
5

今日1日の自分の行動の評価

チェック項目		コメント	評価
総評	今日の目標は達成できましたか？		
心（メンタル）	やる気、元気、集中力はありましたか？		
技（スキル）	スキル、ノウハウの向上はありましたか？		
体（健康）	体調、体力、フットワークはどうでしたか？		
生活	私生活や人との関わりはどうでしたか？		
評価は1〜5点で合計25点満点		合計	

今日もう一度やり直せるとしたら？

1
2
3

今日あなたの自信を育てた出来事

今日うれしかったことは？	
自己効力感 成長したこと、上達したことは？	
自己肯定感 「ありがとう」と言ったり、言われたりしたことは？	

少しの成長でもOK！
1日の最後はプラスの言葉で締めましょう！

月　　日　（　　）	今日の一言	

行動予定
6
7
8
9
10
11
12
13
14
15
16
17
18
19
20
21
22
23
0

今日必ずやること

1
2
3
4
5

今日1日の自分の行動の評価

チェック項目		コメント	評価
総評	今日の目標は達成できましたか？		
心（メンタル）	やる気、元気、集中力はありましたか？		
技（スキル）	スキル、ノウハウの向上はありましたか？		
体（健康）	体調、体力、フットワークはどうでしたか？		
生活	私生活や人との関わりはどうでしたか？		
評価は1〜5点で合計25点満点		合計	

今日もう一度やり直せるとしたら？

1
2
3

今日あなたの自信を育てた出来事

今日うれしかったことは？	
自己効力感 成長したこと、上達したことは？	
自己肯定感 「ありがとう」と言ったり、言われたりしたことは？	

少しの成長でもOK!
1日の最後はプラスの言葉で締めましょう！

141

月　　日（　　）	今日の一言	

行動予定

6
7
8
9
10
11
12
13
14
15
16
17
18
19
20
21
22
23
0

今日必ずやること

1
2
3
4
5

今日1日の自分の行動の評価

チェック項目		コメント	評価
総評	今日の目標は達成できましたか？		
心 (メンタル)	やる気、元気、集中力はありましたか？		
技 (スキル)	スキル、ノウハウの向上はありましたか？		
体 (健康)	体調、体力、フットワークはどうでしたか？		
生活	私生活や人との関わりはどうでしたか？		
評価は1〜5点で合計25点満点		合計	

今日もう一度やり直せるとしたら？

1
2
3

今日あなたの自信を育てた出来事

今日うれしかったことは？	
自己効力感 成長したこと、上達したことは？	
自己肯定感 「ありがとう」と言ったり、言われたりしたことは？	

少しの成長でもOK!
1日の最後はプラスの言葉で締めましょう!

月　　日　(　　)	今日の一言	

行動予定

6

7

8

9

10

11

12

13

14

15

16

17

18

19

20

21

22

23

0

今日必ずやること

1

2

3

4

5

今日1日の自分の行動の評価

チェック項目		コメント	評価
総評	今日の目標は達成できましたか?		
心 (メンタル)	やる気、元気、集中力はありましたか?		
技 (スキル)	スキル、ノウハウの向上はありましたか?		
体 (健康)	体調、体力、フットワークはどうでしたか?		
生活	私生活や人との関わりはどうでしたか?		
評価は1〜5点で合計25点満点		合計	

今日もう一度やり直せるとしたら?

1

2

3

今日あなたの自信を育てた出来事

今日うれしかったことは?	
自己効力感 成長したこと、上達したことは?	
自己肯定感 「ありがとう」と言ったり、言われたりしたことは?	

少しの成長でもOK!
1日の最後はプラスの言葉で締めましょう!

月　　日（　）	今日の一言	

行動予定

6
7
8
9
10
11
12
13
14
15
16
17
18
19
20
21
22
23
0

今日必ずやること

1
2
3
4
5

今日1日の自分の行動の評価

チェック項目		コメント	評価
総評	今日の目標は達成できましたか？		
心（メンタル）	やる気、元気、集中力はありましたか？		
技（スキル）	スキル、ノウハウの向上はありましたか？		
体（健康）	体調、体力、フットワークはどうでしたか？		
生活	私生活や人との関わりはどうでしたか？		
評価は1〜5点で合計25点満点		合計	

今日もう一度やり直せるとしたら？

1
2
3

今日あなたの自信を育てた出来事

今日うれしかったことは？	
自己効力感成長したこと、上達したことは？	
自己肯定感「ありがとう」と言ったり、言われたりしたことは？	

少しの成長でもOK！
1日の最後はプラスの言葉で締めましょう！

月　　　日（　　）	今日の一言	

行動予定

6

7

8

9

10

11

12

13

14

15

16

17

18

19

20

21

22

23

0

今日必ずやること

1

2

3

4

5

今日1日の自分の行動の評価

チェック項目		コメント	評価
総評	今日の目標は達成できましたか？		
心 （メンタル）	やる気、元気、集中力はありましたか？		
技 （スキル）	スキル、ノウハウの向上はありましたか？		
体 （健康）	体調、体力、フットワークはどうでしたか？		
生活	私生活や人との関わりはどうでしたか？		
評価は1〜5点で合計25点満点		合計	

今日もう一度やり直せるとしたら？

1

2

3

今日あなたの自信を育てた出来事

今日うれしかったことは？	
自己効力感 成長したこと、上達したことは？	
自己肯定感 「ありがとう」と言ったり、言われたりしたことは？	

少しの成長でもOK!
1日の最後はプラスの言葉で締めましょう!

月　　　日　（　　）	今日の一言	

行動予定

6 ....
7 ....
8 ....
9 ....
10 ....
11 ....
12 ....
13 ....
14 ....
15 ....
16 ....
17 ....
18 ....
19 ....
20 ....
21 ....
22 ....
23 ....
0 ....

今日必ずやること

1
2
3
4
5

今日1日の自分の行動の評価

チェック項目		コメント	評価
総評	今日の目標は達成できましたか？		
心（メンタル）	やる気、元気、集中力はありましたか？		
技（スキル）	スキル、ノウハウの向上はありましたか？		
体（健康）	体調、体力、フットワークはどうでしたか？		
生活	私生活や人との関わりはどうでしたか？		
評価は1～5点で合計25点満点		合計	

今日もう一度やり直せるとしたら？

1
2
3

今日あなたの自信を育てた出来事

今日うれしかったことは？	
自己効力感成長したこと、上達したことは？	
自己肯定感「ありがとう」と言ったり、言われたりしたことは？	

少しの成長でもOK！
1日の最後はプラスの言葉で締めましょう！

| 月　　　日（　　） | 今日の一言 | |

行動予定

6
7
8
9
10
11
12
13
14
15
16
17
18
19
20
21
22
23
0

今日必ずやること

| 1 |
| 2 |
| 3 |
| 4 |
| 5 |

今日1日の自分の行動の評価

チェック項目		コメント	評価
総評	今日の目標は達成できましたか？		
心（メンタル）	やる気、元気、集中力はありましたか？		
技（スキル）	スキル、ノウハウの向上はありましたか？		
体（健康）	体調、体力、フットワークはどうでしたか？		
生活	私生活や人との関わりはどうでしたか？		
評価は1〜5点で合計25点満点		合計	

今日もう一度やり直せるとしたら？

| 1 |
| 2 |
| 3 |

今日あなたの自信を育てた出来事

今日うれしかったことは？	
自己効力感 成長したこと、上達したことは？	
自己肯定感 「ありがとう」と言ったり、言われたりしたことは？	

少しの成長でもOK!
1日の最後はプラスの言葉で締めましょう!

| 月　　日（　　）| 今日の一言 | |

行動予定

6
7
8
9
10
11
12
13
14
15
16
17
18
19
20
21
22
23
0

今日必ずやること

1
2
3
4
5

今日1日の自分の行動の評価

チェック項目		コメント	評価
総評	今日の目標は達成できましたか？		
心（メンタル）	やる気、元気、集中力はありましたか？		
技（スキル）	スキル、ノウハウの向上はありましたか？		
体（健康）	体調、体力、フットワークはどうでしたか？		
生活	私生活や人との関わりはどうでしたか？		
評価は1〜5点で合計25点満点		合計	

今日もう一度やり直せるとしたら？

1
2
3

今日あなたの自信を育てた出来事

今日うれしかったことは？	
自己効力感 成長したこと、上達したことは？	
自己肯定感 「ありがとう」と言ったり、言われたりしたことは？	

少しの成長でもOK！
1日の最後はプラスの言葉で締めましょう！

148

月　　　日（　　）	今日の一言	

行動予定

6
7
8
9
10
11
12
13
14
15
16
17
18
19
20
21
22
23
0

今日必ずやること

1

2

3

4

5

今日1日の自分の行動の評価

チェック項目		コメント	評価
総評	今日の目標は達成できましたか？		
心（メンタル）	やる気、元気、集中力はありましたか？		
技（スキル）	スキル、ノウハウの向上はありましたか？		
体（健康）	体調、体力、フットワークはどうでしたか？		
生活	私生活や人との関わりはどうでしたか？		
評価は1〜5点で合計25点満点		合計	

今日もう一度やり直せるとしたら？

1

2

3

今日あなたの自信を育てた出来事

今日うれしかったことは？	
自己効力感成長したこと、上達したことは？	
自己肯定感「ありがとう」と言ったり、言われたりしたことは？	

少しの成長でもOK!
1日の最後はプラスの言葉で締めましょう!

| 月   日 （   ） | 今日の一言 | |

行動予定

6
7
8
9
10
11
12
13
14
15
16
17
18
19
20
21
22
23
0

今日必ずやること

| 1 |
| 2 |
| 3 |
| 4 |
| 5 |

今日1日の自分の行動の評価

チェック項目		コメント	評価
総評	今日の目標は達成できましたか？		
心（メンタル）	やる気、元気、集中力はありましたか？		
技（スキル）	スキル、ノウハウの向上はありましたか？		
体（健康）	体調、体力、フットワークはどうでしたか？		
生活	私生活や人との関わりはどうでしたか？		
評価は1〜5点で合計25点満点		合計	

今日もう一度やり直せるとしたら？

| 1 |
| 2 |
| 3 |

今日あなたの自信を育てた出来事

今日うれしかったことは？	
自己効力感 成長したこと、上達したことは？	
自己肯定感 「ありがとう」と言ったり、言われたりしたことは？	

少しの成長でもOK！
1日の最後はプラスの言葉で締めましょう！

月　　日（　　）	今日の一言	

行動予定
6
7
8
9
10
11
12
13
14
15
16
17
18
19
20
21
22
23
0

今日必ずやること

1
2
3
4
5

今日1日の自分の行動の評価

チェック項目		コメント	評価
総評	今日の目標は達成できましたか？		
心（メンタル）	やる気、元気、集中力はありましたか？		
技（スキル）	スキル、ノウハウの向上はありましたか？		
体（健康）	体調、体力、フットワークはどうでしたか？		
生活	私生活や人との関わりはどうでしたか？		
評価は1〜5点で合計25点満点		合計	

今日もう一度やり直せるとしたら？

1
2
3

今日あなたの自信を育てた出来事

今日うれしかったことは？	
自己効力感 成長したこと、上達したことは？	
自己肯定感 「ありがとう」と言ったり、言われたりしたことは？	

少しの成長でもOK!
1日の最後はプラスの言葉で締めましょう!

月　　日　（　　）	今日の一言	

行動予定
6
7
8
9
10
11
12
13
14
15
16
17
18
19
20
21
22
23
0

今日必ずやること

1
2
3
4
5

今日1日の自分の行動の評価

チェック項目		コメント	評価
総評	今日の目標は達成できましたか？		
心（メンタル）	やる気、元気、集中力はありましたか？		
技（スキル）	スキル、ノウハウの向上はありましたか？		
体（健康）	体調、体力、フットワークはどうでしたか？		
生活	私生活や人との関わりはどうでしたか？		
評価は1〜5点で合計25点満点		合計	

今日もう一度やり直せるとしたら？

1
2
3

今日あなたの自信を育てた出来事

今日うれしかったことは？	
自己効力感成長したこと、上達したことは？	
自己肯定感「ありがとう」と言ったり、言われたりしたことは？	

少しの成長でもOK！
1日の最後はプラスの言葉で締めましょう！

152

月　　日（　　）	今日の一言	

行動予定

6 ....
7 ....
8 ....
9 ....
10 ....
11 ....
12 ....
13 ....
14 ....
15 ....
16 ....
17 ....
18 ....
19 ....
20 ....
21 ....
22 ....
23 ....
0 ....

今日必ずやること

1
2
3
4
5

今日1日の自分の行動の評価

チェック項目		コメント	評価
総評	今日の目標は達成できましたか？		
心 （メンタル）	やる気、元気、集中力はありましたか？		
技 （スキル）	スキル、ノウハウの向上はありましたか？		
体 （健康）	体調、体力、フットワークはどうでしたか？		
生活	私生活や人との関わりはどうでしたか？		
評価は1〜5点で合計25点満点		合計	

今日もう一度やり直せるとしたら？

1
2
3

今日あなたの自信を育てた出来事

今日うれしかったことは？	
自己効力感 成長したこと、上達したことは？	
自己肯定感 「ありがとう」と言ったり、言われたりしたことは？	

少しの成長でもOK!
1日の最後はプラスの言葉で締めましょう!

| 月　　日（　　） | 今日の一言 | |

行動予定

6	
7	
8	
9	
10	
11	
12	
13	
14	
15	
16	
17	
18	
19	
20	
21	
22	
23	
0	

今日必ずやること

1
2
3
4
5

今日1日の自分の行動の評価

チェック項目		コメント	評価
総評	今日の目標は達成できましたか？		
心 （メンタル）	やる気、元気、集中力はありましたか？		
技 （スキル）	スキル、ノウハウの向上はありましたか？		
体 （健康）	体調、体力、フットワークはどうでしたか？		
生活	私生活や人との関わりはどうでしたか？		
評価は1～5点で合計25点満点		合計	

今日もう一度やり直せるとしたら？

1
2
3

今日あなたの自信を育てた出来事

今日うれしかったことは？	
自己効力感 成長したこと、上達したことは？	
自己肯定感 「ありがとう」と言ったり、言われたりしたことは？	

少しの成長でもOK！
1日の最後はプラスの言葉で締めましょう！

月　　日（　　）	今日の一言	

行動予定

6

7

8

9

10

11

12

13

14

15

16

17

18

19

20

21

22

23

0

今日必ずやること

1
2
3
4
5

今日1日の自分の行動の評価

チェック項目		コメント	評価
総評	今日の目標は達成できましたか？		
心（メンタル）	やる気、元気、集中力はありましたか？		
技（スキル）	スキル、ノウハウの向上はありましたか？		
体（健康）	体調、体力、フットワークはどうでしたか？		
生活	私生活や人との関わりはどうでしたか？		
評価は1〜5点で合計25点満点		合計	

今日もう一度やり直せるとしたら？

1
2
3

今日あなたの自信を育てた出来事

今日うれしかったことは？	
自己効力感　成長したこと、上達したことは？	
自己肯定感「ありがとう」と言ったり、言われたりしたことは？	

少しの成長でもOK！
1日の最後はプラスの言葉で締めましょう！

月　　日（　　）	今日の一言

行動予定

6

7

8

9

10

11

12

13

14

15

16

17

18

19

20

21

22

23

0

今日必ずやること

1

2

3

4

5

今日1日の自分の行動の評価

チェック項目		コメント	評価
総評	今日の目標は達成できましたか？		
心（メンタル）	やる気、元気、集中力はありましたか？		
技（スキル）	スキル、ノウハウの向上はありましたか？		
体（健康）	体調、体力、フットワークはどうでしたか？		
生活	私生活や人との関わりはどうでしたか？		
評価は1〜5点で合計25点満点		合計	

今日もう一度やり直せるとしたら？

1

2

3

今日あなたの自信を育てた出来事

今日うれしかったことは？	
自己効力感　成長したこと、上達したことは？	
自己肯定感　「ありがとう」と言ったり、言われたりしたことは？	

少しの成長でもOK!
1日の最後はプラスの言葉で締めましょう!

月　　日（　　）	今日の一言	

行動予定

6
7
8
9
10
11
12
13
14
15
16
17
18
19
20
21
22
23
0

今日必ずやること

1
2
3
4
5

今日1日の自分の行動の評価

チェック項目		コメント	評価
総評	今日の目標は達成できましたか？		
心（メンタル）	やる気、元気、集中力はありましたか？		
技（スキル）	スキル、ノウハウの向上はありましたか？		
体（健康）	体調、体力、フットワークはどうでしたか？		
生活	私生活や人との関わりはどうでしたか？		
評価は1〜5点で合計25点満点		合計	

今日もう一度やり直せるとしたら？

1
2
3

今日あなたの自信を育てた出来事

今日うれしかったことは？	
自己効力感 成長したこと、上達したことは？	
自己肯定感 「ありがとう」と言ったり、言われたりしたことは？	

少しの成長でもOK！
1日の最後はプラスの言葉で締めましょう！

月　　　日（　　）	今日の一言	

行動予定

6
7
8
9
10
11
12
13
14
15
16
17
18
19
20
21
22
23
0

今日必ずやること

1
2
3
4
5

今日1日の自分の行動の評価

チェック項目		コメント	評価
総評	今日の目標は達成できましたか？		
心（メンタル）	やる気、元気、集中力はありましたか？		
技（スキル）	スキル、ノウハウの向上はありましたか？		
体（健康）	体調、体力、フットワークはどうでしたか？		
生活	私生活や人との関わりはどうでしたか？		
評価は1〜5点で合計25点満点		合計	

今日もう一度やり直せるとしたら？

1
2
3

今日あなたの自信を育てた出来事

今日うれしかったことは？	
自己効力感 成長したこと、上達したことは？	
自己肯定感「ありがとう」と言ったり、言われたりしたことは？	

少しの成長でもOK！
1日の最後はプラスの言葉で締めましょう！

	月　　日（　　）	今日の一言	

行動予定

6
7
8
9
10
11
12
13
14
15
16
17
18
19
20
21
22
23
0

今日必ずやること

1
2
3
4
5

今日1日の自分の行動の評価

チェック項目		コメント	評価
総評	今日の目標は達成できましたか?		
心（メンタル）	やる気、元気、集中力はありましたか?		
技（スキル）	スキル、ノウハウの向上はありましたか?		
体（健康）	体調、体力、フットワークはどうでしたか?		
生活	私生活や人との関わりはどうでしたか?		
評価は1〜5点で合計25点満点		合計	

今日もう一度やり直せるとしたら?

1
2
3

今日あなたの自信を育てた出来事

今日うれしかったことは?	
自己効力感 成長したこと、上達したことは?	
自己肯定感 「ありがとう」と言ったり、言われたりしたことは?	

少しの成長でもOK!
1日の最後はプラスの言葉で締めましょう!

月　　　日（　　）	今日の一言	

行動予定

6 ....
7 ....
8 ....
9 ....
10 ....
11 ....
12 ....
13 ....
14 ....
15 ....
16 ....
17 ....
18 ....
19 ....
20 ....
21 ....
22 ....
23 ....
0 ....

今日必ずやること

1
2
3
4
5

今日1日の自分の行動の評価

チェック項目		コメント	評価
総評	今日の目標は達成できましたか？		
心（メンタル）	やる気、元気、集中力はありましたか？		
技（スキル）	スキル、ノウハウの向上はありましたか？		
体（健康）	体調、体力、フットワークはどうでしたか？		
生活	私生活や人との関わりはどうでしたか？		
評価は1〜5点で合計25点満点		合計	

今日もう一度やり直せるとしたら？

1
2
3

今日あなたの自信を育てた出来事

今日うれしかったことは？	
自己効力感成長したこと、上達したことは？	
自己肯定感「ありがとう」と言ったり、言われたりしたことは？	

少しの成長でもOK！
1日の最後はプラスの言葉で締めましょう！

月　　日（　　）	今日の一言	

行動予定

6 ....
7 ....
8 ....
9 ....
10 ....
11 ....
12 ....
13 ....
14 ....
15 ....
16 ....
17 ....
18 ....
19 ....
20 ....
21 ....
22 ....
23 ....
0 ....

今日必ずやること

1
2
3
4
5

今日1日の自分の行動の評価

チェック項目		コメント	評価
総評	今日の目標は達成できましたか?		
心（メンタル）	やる気、元気、集中力はありましたか?		
技（スキル）	スキル、ノウハウの向上はありましたか?		
体（健康）	体調、体力、フットワークはどうでしたか?		
生活	私生活や人との関わりはどうでしたか?		
評価は1〜5点で合計25点満点		合計	

今日もう一度やり直せるとしたら?

1
2
3

今日あなたの自信を育てた出来事

今日うれしかったことは?	
自己効力感 成長したこと、上達したことは?	
自己肯定感 「ありがとう」と言ったり、言われたりしたことは?	

少しの成長でもOK!
1日の最後はプラスの言葉で締めましょう!

| 月　　日（　　） | 今日の一言 | |

行動予定

6
7
8
9
10
11
12
13
14
15
16
17
18
19
20
21
22
23
0

今日必ずやること

| 1 |
| 2 |
| 3 |
| 4 |
| 5 |

今日1日の自分の行動の評価

チェック項目		コメント	評価
総評	今日の目標は達成できましたか？		
心 (メンタル)	やる気、元気、集中力はありましたか？		
技 (スキル)	スキル、ノウハウの向上はありましたか？		
体 (健康)	体調、体力、フットワークはどうでしたか？		
生活	私生活や人との関わりはどうでしたか？		
評価は1〜5点で合計25点満点		合計	

今日もう一度やり直せるとしたら？

| 1 |
| 2 |
| 3 |

今日あなたの自信を育てた出来事

今日うれしかったことは？	
自己効力感 成長したこと、上達したことは？	
自己肯定感 「ありがとう」と言ったり、言われたりしたことは？	

少しの成長でもOK！
1日の最後はプラスの言葉で締めましょう！

月 日 （ ）	今日の一言

行動予定

6
7
8
9
10
11
12
13
14
15
16
17
18
19
20
21
22
23
0

今日必ずやること

1
2
3
4
5

今日1日の自分の行動の評価

チェック項目		コメント	評価
総評	今日の目標は達成できましたか？		
心 (メンタル)	やる気、元気、集中力はありましたか？		
技 (スキル)	スキル、ノウハウの向上はありましたか？		
体 (健康)	体調、体力、フットワークはどうでしたか？		
生活	私生活や人との関わりはどうでしたか？		
評価は1～5点で合計25点満点		合計	

今日もう一度やり直せるとしたら？

1
2
3

今日あなたの自信を育てた出来事

今日うれしかったことは？	
自己効力感 成長したこと、上達したことは？	
自己肯定感 「ありがとう」と言ったり、言われたりしたことは？	

少しの成長でもOK!
1日の最後はプラスの言葉で締めましょう!

| 月　　　日（　　）| 今日の一言 | |

行動予定

6	
7	
8	
9	
10	
11	
12	
13	
14	
15	
16	
17	
18	
19	
20	
21	
22	
23	
0	

今日必ずやること

1
2
3
4
5

今日1日の自分の行動の評価

チェック項目		コメント	評価
総評	今日の目標は達成できましたか？		
心（メンタル）	やる気、元気、集中力はありましたか？		
技（スキル）	スキル、ノウハウの向上はありましたか？		
体（健康）	体調、体力、フットワークはどうでしたか？		
生活	私生活や人との関わりはどうでしたか？		
評価は1〜5点で合計25点満点		合計	

今日もう一度やり直せるとしたら？

1
2
3

今日あなたの自信を育てた出来事

今日うれしかったことは？	
自己効力感 成長したこと、上達したことは？	
自己肯定感「ありがとう」と言ったり、言われたりしたことは？	

少しの成長でもOK!
1日の最後はプラスの言葉で締めましょう!

2ヶ月の振り返り

　この2ヶ月を振り返り、自信（自己効力感と自己肯定感）が高まったと思う出来事や、そのときの感情（うれしかった、感動した、ワクワクした、など）を書き出しましょう。

　目標達成に向けて、この2ヶ月間に出会った印象的なフレーズを書き留めたり、勇気をもらった写真、気になった新聞や雑誌の記事を貼っておくのもいいアイデアです。

あとがきにかえて

　まず私から、こう言わせてください。

　2ヶ月間、あなたは本当によくがんばりました!

　2回目の目標達成を手にした人はもちろん、目標自体には届かなかったとしても、「できた!」「やれた!」を積み重ねたあなたの目標達成力は、この2ヶ月で確実に磨かれています。

　この本の最初でお話ししたように、夢を描いたり、大きな目標を達成したりするためのエネルギーとなるのは、「私ならできる!」という「自己効力感」と、「私なら大丈夫」という「自己肯定感」です。自分にはやり遂げる力があると確信できる力「自己効力感」はあなたを前に進めるエンジンとして、自分の価値を見失わないための力「自己肯定感」は心の拠り所として、あなたを支えてくれます。2つが揃って「自信」となります。本当の自信を手に入れれば、うまくいかない時にむやみに落ち込んだりしなくなります。うまくいっている時に天狗になることもありません。

　自分ではまだあまり実感はないかもしれませんが、この2ヶ月で、あなたの自己効力感と自己肯定感の貯金は、確実に増えています。

　原田メソッドの入門編はここで終了ですが、今後もぜひ原田メソッドを実践し、あなたの目標達成力に磨きをかけてもらいたいと思っています。

　私は、原田メソッドの大きな特徴は、1日24時間の中で自分の好きな時に取り組めることと、継続すればするほど力がつく、という点だと思っています。原田メソッドを続けるために、生活を大きく変えて無理に時間を作る必要はありません。ご自分のペースで、生活にうまく組み込んで取り組んでみてください。例えば3日で日誌が続かなくなったとしましょう。大丈夫です。その時には「三日坊主も、3回繰り返せば10日」と言ってみてください。また続ける気がきっと湧いてきます。大丈夫です。やり直しは何度でもできます。

原田メソッドの実践を続けたいという方には「目標達成ノート（STAR PLANNER）」をおすすめします。「目標達成ノート」にも、

1. 「目標達成に向けての具体策が見つかる」オープンウィンドウ64
2. 「目標達成までの詳細なシナリオを作る」目標・目的設定用紙（スターシート）
3. 「毎日書いて『自己効力感』や『自己肯定感』を高める」日誌（ジャーナル）
4. 「成功習慣を身につける」ルーティンチェック表

という、原田メソッドのコアなエッセンスが組み込まれています。「目標達成ノート」は、一見「ウィークリー手帳」のようですが、日付が書き込み形式のユニークなもので、つまり、いつからでも好きなタイミングで始められるのです。行動予定を書き込めるスケジュール欄と日誌、ルーティンチェック表が見開きページに収まっていて、忙しい毎日の中でも無理なく継続できるとご好評をいただいています。続けられるか不安だ、という方もいるかもしれませんが、「三日坊主も、3回繰り返せば10日」。諦めずに繰り返せば、必ず習慣化します。

私が教員生活の20年間で出会ったたくさんの子どもたち。中には大変厳しい状況の子もいました。しかし彼らの多くが、このワークブックにある方法で「自立」していきました。中学を卒業したあとも、高校、大学、職場や家庭で、原田メソッドを継続し、それぞれの道を逞しく歩んでくれています。

このワークブックで学んだことは、みなさんのこれからの仕事や勉強、生活や人生そのものにプラスの影響を与えてくれるはずです。

それはなぜか？

みなさんはこのワークブックを通して、明るく前向きに、幸せな人生を送るための考え方、「思考」を身につけたからです。ぜひ、ご自身のお子さん、ご家族、友人や職場の仲間、チームメイトに伝えて、広めてください。

あなたやあなたの大切な人たちが暮らすこの社会、そして世界全体が幸せに向かって前進するお手伝いができれば、これほど嬉しいことはありません。

みなさんの成功を、心より願っています。

原田隆史

原田隆史（はらだ たかし）

株式会社原田教育研究所　代表取締役社長。ビジネス・ブレークスルー大学グローバル経営学科教授。一般社団法人JAPANセルフマネジメント協会代表理事。

埼玉県教育委員、三重県制作アドバイザー、奈良市生徒指導スーパーバイザー、高知市教育アドバイザーを歴任。

大阪市生まれ。奈良教育大学卒業後、大阪市内の公立中学校で20年間勤務。保健体育指導、生活指導に注力。課題を抱える教育現場を次々と立て直し、「生活指導の神様」と呼ばれる。独自の育成手法「原田メソッド」により、勤務3校目で指導した陸上競技部では7年間で13回の日本一を誕生させる。大阪市教職員退職後、大学講師を経て起業。「原田メソッド」に多くの企業経営者が注目し、野村證券、キリンビール、三菱UFJ信託銀行、神戸マツダ、住友生命保険、ユニクロ、アステラス製薬、カネボウ化粧品、武田薬品工業などの人材育成研修を担当。これまでに約500社、10万人以上のビジネスパーソンを指導した実績を持つ。

オリンピック選手などアスリートのメンタルトレーニングにも携わる。

現在も、企業・学校・家庭の人材育成教育、講演・研修活動、不登校児童生徒支援活動、テレビなどメディア出演、執筆活動と幅広い分野で活躍中。著書はこれまでに30冊、国内にとどまらず世界の25を超える国・地域で出版されている。

代表作に『一流の達成力』（フォレスト出版）、『カリスマ体育教師の常勝教育』（日経BP）、『成功の教科書』（小学館）、『最高の教師がマンガで教える勝利のメンタル』（日経BP）。

株式会社原田教育研究所
https://harada-educate.jp/

はじめての目標達成ノート

発行日　2023年 9 月22日　第 1 刷
　　　　2025年 1 月10日　第13刷

Author	原田隆史（原田教育研究所）
Illustrator	白井匠
Book Designer	chicols
Publication	株式会社ディスカヴァー・トゥエンティワン
	〒102-0093 東京都千代田区平河町2-16-1 平河町森タワー 11F
	TEL　03-3237-8321（代表）03-3237-8345（営業）
	FAX　03-3237-8323
	https://d21.co.jp/
Publisher	谷口奈緒美
Editor	藤田浩芳　野村美空　編集協力：熊本りか
Cooperation	宮城惠子（株式会社原田教育研究所）
Proofreader	文字工房燦光
DTP	株式会社RUHIA
Printing	日経印刷株式会社